阳光普法
关注民生 传播法律

# 社区居民防毒禁毒教育读本

刘 凝 / 主编



中国法制出版社
CHINA LEGAL PUBLISHING HOUSE

# 目录

## 第 1 课　初识毒品

## 第 2 课　毒品的巨大危害

## 第 7 课　易制毒化学品的监管

## 第 8 课　一朝染毒，终身戒毒

## 第9课　毒品犯罪

## 第10课 触目惊心的吸毒案例

# 第1课　初识毒品

## 秒懂图解

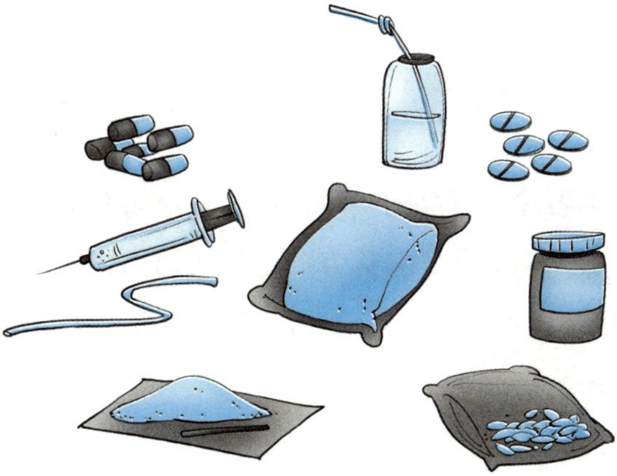

在生活中容易接触到的毒品

### 1. 海洛因

海洛因俗称白粉、白面，通常是以吗啡生物碱作为合成起点得到的半合成毒品，根据用途和纯度不同又分出“2号”“3号”“4号”，是阿片类毒品中的精制品。海洛因通常包括海洛因碱（二乙酰吗啡）、海洛因盐（包括盐酸盐、硝酸盐、酒石酸盐和柠檬酸盐，但一般指盐酸盐）和海洛因盐水合物。

### 2. 大麻

大麻的主要有效化学成分叫四氢大麻酚（简称 THC），THC 在吸食或口服后有精神和生理的依赖作用。人类吸食大麻的历史长达千余年，20 世纪在毒品和宗教方面的使用有增强的趋势。大麻这种毒品的作用主要以心理依赖为主，躯体依赖较轻，不易产生耐受性。通常小量吸入或间歇使用大剂量时不产生戒断症状，戒断反应多见于广泛流行地区使用较大剂量者。骤然停用可发生激动、不安、食欲下降、失眠、体温下降甚至寒战、发热、震颤。一般持续 4 ~ 5 天戒断反应会逐渐消失。

### 3. 吗啡

吗啡是阿片类毒品的一种，在鸦片中的含量为 4% ~ 21%，平均 10% 左右。其化学名称为 17– 甲基 –4, 5 α – 环氧 –7, 8– 二脱氢吗啡喃 –3, 6 α – 二醇。使用吗啡以口服形式为主，临床主要用于癌症等重疼痛病人的镇痛，滥用容易成瘾。

### 4. 冰毒

冰毒又名甲基安非他明、去氧麻黄碱，是一种无味或微有苦味的透明结晶体，纯品很像冰糖，形似冰，故俗称冰毒。吸、贩毒者也称之为“冰”。冰毒早期制备一般用麻黄素还原法，如今一般采用全化学合成法，制备工艺较为简单，有“厨房毒品”之称。滥用冰毒将对吸毒者的重要生命器官和精神系统造成不同程度的严重损害，其中尤其损害他们的精神系统。流行病学调查结果显示，大多数冰毒吸食者思想苦闷、性格乖张、意志消沉、人格变异、精神偏执、心胸狭窄、行事怪僻、人际关系破裂，甚至有严重的自杀倾向，逐步走向死亡。

### 5. 摇头丸

摇头丸为人工合成毒品的一种，一般以MDMA（3, 4-亚甲二氧基甲基苯丙胺）、MDA（3, 4-亚甲二氧基苯丙胺）、AM（苯丙胺）及MAM（甲基苯丙胺）为主要化学成分。吸毒者在食用摇头丸之后，大脑皮层处于兴奋状态，在没有音乐刺激的时候，头会轻微地晃动，有一种疲惫、要睡着的感觉。但当吸毒者受到音乐的刺激时，就会随着音乐的节拍手舞足蹈、疯狂地摇晃头脑，音乐节奏越强烈，头晃动得越厉害，感觉越舒服，甚至还出现摇断了脖子的案例，因此这种毒品被称为“摇头丸”。

### 6. 可卡因

可卡因化学名称叫苯甲酰甲基芽子碱，白色晶体状，无臭，味苦而麻。在临床医疗中，它被用作局部麻醉药或血管收缩剂。由于其麻醉效果好，穿透力强，主要用于表面麻醉，但又因毒性非常强，所以不宜注射。同时可作强烈的天然中枢兴奋剂，也因其对中枢神经系统的兴奋作用而容易被滥用。

吸毒者一旦滥用可卡因，便会出现急性中毒的症状，主要包括：情绪极度激动和不安、精神异常、视物不清、四肢震颤，严重者可诱发心律失常、全身抽搐，甚至出现因呼吸衰竭而死亡的严重后果。吸毒者往往会表现出焦虑、倦怠和极度兴奋等症状，酷似妄想精神分裂症。由于可卡因对中枢神经系统有高度毒性，可刺激大脑皮层，产生视、听、触等幻觉，导致他们的触觉致幻尤为强烈，仿佛皮肤上总是有昆虫在啃咬，以致发生自残行为，还常伴有心理恐惧，总怀疑有人在跟踪和尾随。

### 7.K粉

K粉主要成分医学上称氯胺酮，因为其物理形状通常呈白色粉末，英文名称首字母是K，所以俗称“K粉”。K粉在临床上一般作为麻醉剂使用。吸毒者吸食后，如遇快节奏的音乐，便会条件反射般强烈扭动身体，产生意识和感觉的分离状态，导致出现神经中毒反应和精神分裂症状，主要表现为幻觉、运动功能障碍，出现怪异和危险行为，同时对记忆和思维能力造成严重损害。外观为白色结晶粉末的K粉，可随意勾兑进饮料、红酒中服下，易让人产生性冲动，所以又有“迷奸粉”之称。

### 8. 鸦片

鸦片俗称大烟，是从罂粟植物提取的麻醉药品。鸦片由生物碱、糖、蛋白质、类脂化合物及水等成分所组成，鸦片膏中含有40多种生物碱，主要是吗啡（平均含量约10%）、可待因、蒂巴因、那可汀、罂粟碱等。鸦片因产地不同，呈黑色或褐色；有氨味或陈旧尿味，味苦，气味强烈。生鸦片经烧煮和发酵，可制成精制鸦片，呈深褐色块状物，久放呈黑色硬块状，吸食时散发香甜气味。

鸦片可作为药物使用，但长期或过量使用，会造成药物依赖性；而作为毒品吸食，则会对人体造成难以挽回的损害甚至导致死亡。吸食鸦片后，有欣快感、无法集中精神、产生幻视，停止吸食后，会出现影视剧中常见的腹泻、身体蜷曲、抽筋等鸦片戒断症。

### 9. 杜冷丁

杜冷丁，学名盐酸哌替啶，属于人工合成的阿片受体激动剂，是苯基哌啶衍生物，是临床应用的合成镇痛药，外观为白色结晶状粉末，微苦无臭。

吸毒者长期滥用杜冷丁可产生身体依赖性、成瘾；成瘾症状出现较早，长期用药，对呼吸的不良反应可逐渐形成耐受性，而对兴奋性作用的耐受性的发生要缓慢得多，随着剂量不断增加，吸毒者将会出现震颤、惊厥，对外界刺激的敏感性增强和产生幻觉。使用杜冷丁成瘾后，也会发生精神病症状。

### 10. 咖啡因

咖啡因是一种兴奋剂，又叫咖啡碱。咖啡因已经被我国列为精神药品管制，属于毒品的一种，在临床上被限制使用。由于咖啡因无生理依赖性，心理依赖性也非常小，所以毒贩一般将咖啡因掺杂在海洛因中贩卖。

## 禁毒课堂

### 1. 哪些药品可以被归入毒品之列？

《禁毒法》第二条规定，毒品，是指鸦片、海洛因、甲基苯丙胺（冰毒）、吗啡、大麻、可卡因，以及国家规定管制的其他能够使人形成瘾癖的麻醉药品和精神药品。但是根据医疗、教学、科研的需要，依法可以生产、经营、使用、储存、运输麻醉药品和精神药品。

## 2. 禁毒的职责由谁承担？

禁毒是全社会的共同责任。国家机关、社会团体、企业事业单位以及其他组织和公民，应当依照《禁毒法》和有关法律的规定，履行禁毒职责或者义务。

## 3. 禁毒工作的方针和机制是什么？

禁毒工作实行以预防为主，综合治理，禁种、禁制、禁贩、禁吸并举的方针。禁毒工作实行政府统一领导，有关部门各负其责，社会广泛参与的工作机制。

## 4. 政府是如何开展禁毒工作的？

国务院设立国家禁毒委员会，负责组织、协调、指导全国的禁毒工作。县级以上地方各级人民政府根据禁毒工作的需要，可以设立禁毒委员会，负责组织、协调、指导本行政区域内的禁毒工作。县级以上各级人民政府应当将禁毒工作纳入国民经济和社会发展规划，并将禁毒经费列入本级财政预算。

## 5. 国家对禁毒活动采取何种鼓励措施？

国家鼓励对禁毒工作的社会捐赠，并依法给予税收优惠。国家鼓励开展禁毒科学技术研究，推广先进的缉毒技术、装备和戒毒方法。国家鼓励公民举报毒品违法犯罪行为。各级人民政府和有关部门应当对举报人予以保护，对举报有功人员以及在禁毒工作中有突出贡献的单位和个人，给予表彰和奖励。国家鼓励志愿人员参与禁毒宣传教育和戒毒社会服务工作。地方各级人民政府应当对志愿人员进行指导、培训，并提供必要的工作条件。

## 6. 对于吸毒者自愿戒毒的，有何鼓励措施?

国家鼓励吸毒成瘾人员自行戒除毒瘾。吸毒人员可以自行到戒毒医疗机构接受戒毒治疗。对自愿接受戒毒治疗的吸毒人员，公安机关对其原吸毒行为不予处罚。

## 7. 毒品有什么特征?

（1）成瘾性（即依赖性）

瘾君子吸食毒品后，由于毒品的毒理作用，往往会在心理上和生理上产生依赖感，必须不停地吸食，且不停地增加剂量，才能满足成瘾性，一旦停吸，就会出现“万箭穿心”“流鼻涕”“恶心”“头痛欲裂”等不良反应。

（2）耐受性

瘾君子不断地吸食毒品，毒品的毒理药效就会出现退化，而吸毒者为了避免出现成瘾性的难受症状和追求吸毒快感，就要不断地增加吸毒剂量，这种状况就叫作耐受性。

（3）违反法律性

在全世界范围内，大多数国家都通过立法对毒品实施极为严格的管控，并且将吸食、贩卖、制作、走私、持有毒品等行为定义为违法犯罪行为，并且给予严重的行政和刑事处罚。

（4）社会危害性

吸食毒品后，会对人体产生强烈的毒性，破坏人体的神经系统和正常机能，并且诱发严重的精神类疾病症状，诸如被害妄想、幻视幻听、极度偏执等不良反应。此外，毒品除了毒害吸毒者的身心健康外，还对家庭和社会产生巨大的危害，往往会导致妻离子散、家破人亡，诱发毒品犯罪，败坏社会风气，影响社会的公序良俗。

## 8. 毒品产区主要分布在哪里？

（1）金三角

金三角位于东南亚，指在泰国、缅甸以及老挝三国的边境地带形成的一个三角区域。该区域盛产鸦片、海洛因等毒品，是全球最主要的毒品产地，金三角也因此臭名昭著。

（2）银三角

银三角位于拉丁美洲哥伦比亚、玻利维亚、秘鲁和巴西所在的安第斯山和亚马孙地区。其中哥伦比亚和厄瓜多尔共同接壤的亚马孙地区 50 千米左右的地带，是哥伦比亚毒枭们控制的中心区域，盛产大麻、可卡因等毒品。该区域与亚洲金三角类似。

（3）金新月

金新月位于阿富汗、巴基斯坦和伊朗三国的交界地带，因形似新月，被比喻成“金新月”。该区域长期种植鸦片，产量很高，曾为世界最大的鸦片产地。金新月与金三角、银三角等地并称为世界三大毒品产地。

（4）贝卡谷地

贝卡谷地位于黎巴嫩境内，原本号称黎巴嫩的“粮仓”，但随着国内动荡的不断加剧，该区域如今盛产罂粟，贝卡谷地已经逐渐成为世界上重要的毒品产地。

## 9. 根据毒品来源和生产方式，可以将毒品分为何种类别？

（1）纯天然类毒品，即直接从毒品原植物中提取出来的毒品，典型代表：鸦片。

（2）半合成类毒品，指由纯天然类毒品与化学物质合成的毒品，典型代表：海洛因。

（3）完全合成类毒品，即由化学方法完全进行合成制造出来的毒品，典型代表：冰毒。

## 10. 依据毒品对人体的作用，可以将毒品分为何种类别？

（1）致幻剂，指影响人类神经系统，进而引发感觉和情绪的剧烈变化，使人类对时间和空间均产生错觉、幻觉，甚至导致妄想、人格扭曲、思维分裂的天然或者合成类的精神药品。

致幻剂主要包括天然致幻剂和人工合成致幻剂。

（2）兴奋剂，指对人体神经系统具有加速和增强作用，使人处于强烈兴奋状态中，具有成瘾性的精神药品。兴奋剂的种类非常多，主要是通过人工合成。常见的兴奋剂有冰毒、摇头丸、可卡因。

（3）抑制剂，指对人类中枢神经系统产生抑制，具有成瘾性的精神药品，主要包括安定类药物。

## 11. 根据毒品流行时间，可以将毒品划分为何种类别？

（1）传统毒品，主要是指鸦片、海洛因，历史上流行比较早的阿片类毒品。

（2）新型毒品，主要是对比传统毒品而言，近年来才流行起来的冰毒、摇头丸等人工合成的致幻剂、兴奋剂类毒品。

## 案例警示录

### 外籍毒贩的末日

2018 年 2 月，毒贩吴某携带一个黑色行李箱及一个灰色旅行包从某国乘船越过北仑河，在我国广西东兴市翻越护栏偷渡入境，然后打黑摩的到某长途汽车站准备乘坐大巴车前往广州。当日中午 12 点，当地民警上车临检时，发现吴某形迹可疑，神色慌张，随后在其随身携带的行李箱夹层中发现疑似毒品 15 包，净重 16789.6 克。后经鉴定为毒品海洛因。

## 律师点评

本案中，吴某的行为方式主要是输入毒品，此外对在领海、内海运输、收购、贩卖国家禁止进出口的毒品，以及直接向走私毒品的犯罪人购买毒品的，均应视为走私毒品。吴某将境外的毒品以走私的方式带入我国，后被我国警方依法查获，由于走私毒品数量巨大，严重危害我国人民群众的身体健康，构成走私毒品罪，应当依法判处死刑，并处没收个人全部财产。

此外，虽然吴某具有外国国籍，但在我国境内从事违法犯罪行为，同样适用我国刑法，受我国法律管辖和处罚。

## 延伸阅读

### 茶叶中含有咖啡因，喝茶对身体有害吗？

在茶叶、咖啡、可可豆、豆荚中发现的咖啡因等生物碱，能够引起中枢神经系统和心血管系统的兴奋。因为人体会对咖啡因产生一定的精神依赖性，而且如果使用不当就会产生不良反应，甚至是中毒，所以咖啡因已经被列为管制麻醉药品范畴。

但是，我们日常生活中所喝的茶叶或者咖啡，虽然都含有一定微量的咖啡因，但由于摄入得不多，一般在30毫克到50毫克之间，所以并不会产生吸毒后的戒断症状，所以无须担心，正常饮用即可。

# 第 2 课　毒品的巨大危害

## 秒懂图解

毒品带来的巨大危害

### 1. 毁灭自己

吸毒者刚开始吸毒时，毒素仅作用于单一的器官或者神经系统，但随着吸毒者成瘾越大，吸毒的次数越多，毒品的毒性开始在全身蔓延和积蓄，会出现身体的全面崩溃。这种崩溃既可能是长期大量反复吸毒间接引起的，也可能是毒品直接作用的结果，最终导致身体衰败，甚至引发死亡。

### 2. 家破人亡

所有的吸毒案例都表明一个事实，吸毒人员会给家庭带来灾难性的后果。家庭中但凡有了吸毒成员，灾难必然降临，往往会导致倾家荡产、妻离子散、亲人反目、家破人亡。

### 3. 危害社会

吸毒者吸食毒品的行为不仅会对自身、家庭造成难以弥补的损害，还是社会的“毒瘤”，破坏社会稳定，影响经济发展，耗费国家财力，影响社会风气，并从整体上威胁社会的文明进程。

### 4. 引发犯罪

吸毒者吸毒后，会引发对自身、家庭、社会的一系列损害，最终还会出现一个恶果就是毒品犯罪。所有的毒品犯罪行为都离不开吸毒，比如以贩养吸、聚众吸毒、窝藏毒品等犯罪行为。

## 禁毒课堂

### 1. 毒品对人类免疫系统有什么损害？

吸毒者吸食毒品后，往往会引发各种各样的感染，这也是吸毒引发死亡的主要原因之一。吸毒会不同程度地削弱身体的免疫机能，造成身体器官感染的概率大大增加，即使使用抗生素，也很难治愈，从而出现长期不能治愈的慢性感染。虽然不同种类的毒品对人类身体的损害不尽相同，但毒品对免疫系统的影响是直接的，而非间接的。

吸毒引发人体免疫力下降，会直接导致身体对外界病毒入侵的抵抗力下降，加之吸毒者往往不重视个人卫生以及营养状况的改善，一旦病毒入侵，人体很容易受到感染。而且病毒会在身体内全面扩散，进而导致吸毒者死亡的恶性结果。

## 2. 毒品对人类神经系统有什么损害？

毒品之所以能让瘾君子趋之若鹜，就在于这些毒品能够直接作用于人类的脑部。长期反复吸食毒品，对神经系统是一种恶性毒害，将会不可避免地产生直接的毒性作用，进而引发神经细胞或者组织的病理性改变，它们的危害十分巨大。

除了能够引发病理性病变以外，毒品还能够引发精神障碍，特别是对先天性精神异常或者患有人格缺陷的瘾君子，危害更大。对于不吸毒的人来说，精神障碍仅仅是一种疾病，但对吸毒者来说，他们所追求的就是病态的感受，如幻视、幻听。正常人的客观世界中，原本并不存在的感官刺激，瘾君子却能通过吸毒感受到，他们甚至还认为这是真实存在的。在幻视、幻听的刺激下，瘾君子通常会做出危险或者意外的行为。此外，瘾君子还会感受到恐怖的情境，这是一种思维障碍，内容多为恐怖惊悚的场景，比如有经常被人追杀等感觉。

所以，无论是出于缓解疼痛、焦虑、压抑、紧张等心理创伤，还是仅仅对毒品产生好奇而去尝试染上毒瘾，最终都会导致精神萎靡不振、沉迷冷漠等一系列对人类身体、精神、人格、行为的改变。吸毒后，往往会让瘾君子判若两人，失去对家庭、社会的责任感，道德沦丧，甚至为了获得毒品，不惜走上犯罪道路。

### 3. 毒品对人类呼吸系统有什么损害?

瘾君子采取吸入或者静脉注射方式吸食毒品，对呼吸系统造成的损害是十分巨大的。毒品被吸入后，人体内最初接触毒品的部位是呼吸道黏膜上皮；而采用静脉注射方式的，毒品则先经过肺部的毛细血管网。所以，吸毒者轻者往往会患上咽炎、气管炎、支气管炎、哮喘、肺炎、肺水肿，重者肺部还会发生重大病变，最后导致死亡。

### 4. 毒品对人类肝脏和肾脏有什么损害?

所有毒品都是通过肝脏进行降解和代谢，最终再由肾脏排出。长期吸毒，会经常恶性刺激肝脏和肾脏，将导致器官不堪重负，降低或者丧失器官的解毒和排毒功能。也正是由于肝脏和肾脏的不堪重负，会进一步加重毒品对整个人体的损害。吸毒者此时容易患上急慢性肝炎、肝硬化、急性肾衰、急性肾小球肾炎、肾病综合征等严重疾病。因吸毒身患肝病和肾病的瘾君子，他们的面部或者下肢往往会出现水肿，严重的甚至会因肝硬化或者肾衰而死亡。

## 5. 毒品对人类心血管系统有什么损害?

瘾君子长期吸毒，必然会引起心血管系统的并发症，并且很难治愈，常见的并发症状主要包括：心肌炎、心律不齐、细菌性心内膜炎、心包炎、动脉炎、动脉瘤、动脉闭合、动脉损伤等。严重的还会导致脑溢血、心衰而死亡。

## 6. 吸毒过量会导致死亡吗?

吸毒会对身体产生巨大的损害，而过量的吸食正是吸毒者常见的死亡原因之一。瘾君子吸毒过量后，往往会过度的兴奋，而这种过度的兴奋却是人体难以控制和承受的，会使瘾君子精力耗尽而亡。瘾君子为了追求过度的刺激，在吸食毒品时，往往都会超剂量使用，而每个瘾君子的身体素质和对毒品的耐受性是不一样的，这个时候，很可能会出现因吸毒过量而死亡的悲剧。

## 7. 吸毒会导致自杀死亡吗?

瘾君子中大部分人都有自杀的倾向或者行为，他们的自杀率高于普通人的 10 倍。究其原因，主要在于吸毒者要随时准备忍受没有毒品供给的痛苦，以及家人、朋友带来的歧视和远离，这使他们对感情和责任更加冷漠；还有一些吸毒者因沾染毒品而后悔不已，备受良心谴责。以上种种原因，都有可能让瘾君子无法面对现实，所以有部分吸毒者就会选择一死了之。

## 8. 吸毒会导致慢性中毒死亡吗？

瘾君子一旦长期吸食毒品，毒品的毒素会在人体内慢慢聚集，经过一段时间后，会导致吸毒者慢性中毒，症状主要有：身体暴瘦、食欲不振、体重减轻、身体疲乏无力，最终因为长时间的营养不良、呼吸困难或者因感染其他疾病而死亡。

## 9. 吸毒后，有哪些中毒特征？

瘾君子吸食毒品后，毒品会对身体产生难以隐去的中毒反应，这种特征主要表现为：嗜睡、反应和感觉变得很迟钝、运动功能失调、幻视幻听、妄想、定向障碍等。这主要是因为毒品会对身体的功能产生病理化毒害。

## 10. 瘾君子无毒可吸之时，会有什么生理反应？

瘾君子最怕的就是无毒可吸。一旦毒品供给不上，就会出现如下戒断反应：全身疼痛难耐、顽固性失眠、严重的焦虑和内心对毒品的极度渴望。许多瘾君子在因经济原因无钱购买毒品之时，会因毒品引发的严重并发症和痛苦而选择自杀。

## 11. 吸毒会贻祸下一代吗？

父母一旦沾染毒瘾，就会严重影响下一代的心理和生理健康。因为吸毒必然会导致家庭分崩离析，所以也势必给未成年人造成难以弥补的伤害。吸食毒品不仅伤害自己的身体，还会严重影响自身的生育能力。许多吸毒者，他们生下的子女都有先天性残疾。此外，在这种家庭中成长的未成年子女，往往会出现人格障碍，长大后难以融入社会，甚至还会沾染毒品，恶性循环下去。

## 12. 吸毒会患上艾滋病吗？

长期吸食毒品的瘾君子，患上艾滋病的概率非常高。究其原因，主要在于瘾君子们的卫生观念极为淡薄。以海洛因为例，瘾君子往往采用静脉注射的方式吸毒，一旦毒瘾发作，瘾君子总是想办法搞到针管和针头，至于这个针管和针头是否清洁，则不在他们的考虑范围之内，他们只在乎如何将这一管毒剂迅速注入体内。但是，采取静脉注射的聚众吸毒者往往都是共用一个注射器，一旦其中有艾滋病病毒感染者，那么他们中的其他人都有可能患上艾滋病。

此外，聚众吸毒的人，容易发生乱性事件，而艾滋病的另外一个传播途径就是性交，瘾君子往往对乱性行为持接受的态度。还有不少瘾君子靠出卖肉体换取毒品。所以瘾君子通过性行为感染艾滋病病毒的概率也非常高。

## 13. 吸毒不能减肥只能减寿吗?

吸毒减寿这是肯定的。瘾君子吸食毒品后，往往是昼伏夜出，夜间精力旺盛，白天睡觉，甚至每天或每几天吃一顿饭。这样会造成严重的营养不良，体重下降。一些未经世事的青年还认为这是减肥的捷径，其实不然，吸毒后，不仅体重下降，还会导致免疫力下降，很多疾病将会接踵而来。此外，毒品本身就含有大量的毒素，一旦长期使用，将可能引发急性中毒，甚至危及生命。所以通过吸毒减轻体重，这不是在减少脂肪，而是减少寿命。

## 14. 听说有不法商人在麻辣烫中添加罂粟壳，如何识破呢?

近年来，有些不法店主为了拉拢顾客，获得不法收入，常在麻辣烫、火锅等食品中添加罂粟壳，导致部分食客中毒，下面我们介绍下如何识别。

（1）罂粟壳的外观

罂粟壳的外观很像我们日常生活中吃枣时吐出来的枣核，大小又如鸽子蛋，一头是尖状的，一头有 10 瓣左右的冠状物。不法店主往往为了使食物更加“入味”，还会在罂粟壳上用刀具划上几刀，让毒素深入食物中，诱使食客上瘾。

（2）食用后的感觉

如果食客们在一家店铺吃完麻辣烫、火锅后，有心跳加快、口感舒服又不易熟睡的情况，就要保持警惕了。

（3）注意取证工作

如果食客们发现店铺很有嫌疑，请保留部分汤水，以不少于 50 毫升为准，迅速送往公安部门进行举报。

## 15. 毒品会使人耗尽家财吗？

毒品在瘾君子们的眼中属于高档奢侈品，所以毒品价格往往比普通商品高很多，一旦沾上毒品，必将耗费巨额的财产。此外，人在沾毒成瘾后，会对毒品产生持续性的极度渴望，从而导致吸毒者无力克制，只能任由毒贩在其身上捞得大量的毒资。根据相关统计，一名吸毒者平均每月要消耗 3000 ~ 6000 元人民币，这还是以最低标准计算出来的数字。一个普通家庭，如果按月消耗数千元毒资，这会耗费大量家庭财产。而瘾君子已经毫无家庭的观念和责任，他们为了能够长期获得毒品，甚至不惜卖掉自己的房产，将最大的家庭共同财产挥霍殆尽，最后落个无家可归的悲惨境地。

## 16. 毒品会致幻吗？

瘾君子在吸食毒品后，会看到很多形状变化的东西，或者产生其他妄想的意识，其实这是身体正在向瘾君子释放非常危险的信号。一旦出现这种情况，表明瘾君子已经失去最基本的意识，进入神经错乱的致幻程度。比如，有吸毒者在出现精神错乱之后，受到一个轻微的刺激，就产生伤人的后果，甚至还会把自己当成小鸟，想要张开双臂从窗户“飞”出去，结果出现瘾君子跳楼的悲剧。

## 17. 新精神活性物质主要包括什么类型的毒品？

联合国毒品与犯罪问题办公室已监测到的新精神活性物质达251种，而国际禁毒公约管制物质的种类则是234种。根据药理和结构特征，联合国毒品与犯罪问题办公室将新精神活性物质分为：

（1）合成大麻素类。合成大麻素类毒品模拟天然大麻，其成瘾性和戒断症状也类似传统毒品大麻。长期吸食会导致人类心血管系统疾病及精神错乱，同时又存在较大的致癌风险。

（2）卡西酮类。该类毒品是卡西酮的衍生物，具有中枢神经兴奋和致幻作用，过量或长期吸食会严重损伤人类大脑，且不可逆。吸食该类物质者会导致精神错乱、自残及暴力攻击他人，目前案例较多。

（3）苯乙胺类。该类物质包括苯丙胺衍生物及二甲氧基苯乙胺衍生物两个类别。前者以类似甲基苯丙胺的中枢神经兴奋作用为主，后者能产生强烈的中枢神经致幻作用，过量或长期吸食，人类大脑可产生严重的损伤和精神错乱。

（4）哌嗪类。此类物质一般为苯基哌嗪或苄基哌嗪的衍生物，具有类似于甲基苯丙胺和 MDMA 的中枢神经兴奋和致幻作用，但毒性较温和，持续时间也更长。

（5）氯胺酮。在我国已属列入管制的精神药物。

（6）植物类。包括恰特草、鼠尾草、帽蕊木等含有精神活性物质的植物，毒贩往往以绿色为噱头，很具有迷惑性。

（7）其他。包括色胺类、氨基茚类、苯环己基胺类、镇静类等类别，分别具有中枢神经的致幻、兴奋、麻醉、镇静等作用。

## 案例警示录

### 莫制毒，制毒必被抓！

2018 年 1 月，某小区的一间出租房内传出阵阵刺鼻的气味，有邻居拨打 110 报了警。警方迅速来到该房间内，将正在房间内制毒的王某抓获，并搜出制毒工具若干，制毒原料以及粉末状和固体状毒品若干。

经过警方的连夜审讯，王某交代，他在自己的房间帮他人制毒。经鉴定，警方在王某暂住处查获的粉末状和固体状物品中含有冰毒、咖啡因，是新型毒品“麻古”的重要成分，共计 41.2 克。这种毒品能够直接作用于人类的中枢神经，有致幻作用，成瘾性强，毒性高，社会危害性极大。

## 律师点评

王某的制毒行为已经违反我国禁毒管理法律法规，并且数量达 41.2 克，已经构成制造毒品罪。

王某的犯罪行为，违反了我国政府对毒品的管理制度，侵害了人民群众的生命健康。由于鸦片、海洛因、甲基苯丙胺等麻醉药品和精神药品既有医用价值，又能使人形成毒瘾，使人体产生依赖性，因而，毒贩利用其来牟取非法利润。国内一些不法分子大肆进行制造毒品、贩卖毒品的犯罪活动，使大量毒品流入社会，严重地损害了他人的身体健康。为此，必须对制毒行为予以严惩！

## 延伸阅读

### 国际禁毒日的由来

国际禁毒日，全称是禁止药物滥用和非法贩运国际日。20 世纪 80 年代，毒品滥用和走私问题日趋严重，所以 1987 年 6 月，联合国在奥地利首都维也纳召开了麻醉药品滥用和非法贩运问题部长级会议，总共有 138 个国家的 3000 多名代表参加了这次国际禁毒会议。这次会议通过了禁毒活动的《综合性多学科纲要》。6 月 26 日会议结束时，与会代表一致通过决议，从 1988 年开始将每年的

6 月 26 日定为“国际禁毒日”，并提出了“爱生命，不吸毒”的口号，以引起世界各国各地对毒品问题的重视和管制，同时号召全人类共同抵御毒品的危害。从 1992 年起，“国际禁毒日”每年都有一个活动主题，以达到国际社会关注和共同参与的效果。放眼当今全球，人们对禁毒越来越重视了。

# 第3课　吸毒的原因探究

## 秒懂图解

冰毒与传统毒品的比较

### 1. 毒品的成分不同

传统毒品是罂粟等毒品原植物经再加工而成的半合成类毒品，而冰毒则是完全通过化学合成的毒品。

### 2. 对人体的作用不同

传统毒品对人体主要起“镇痛”和“镇静”的作用，而冰毒对人体主要起“兴奋”“抑制”“致幻”的作用。

### 3. 瘾君子滥用方式不同

瘾君子吸食传统毒品，多采用烟吸式或者静脉注射的方式，而吸食冰毒多采取口服或者鼻吸式，隐蔽性非常强。

### 4. 涉嫌犯罪特点不同

瘾君子为了获得传统毒品，多在吸毒之前犯罪，即为了获取毒品或者毒资，而去打、杀、抢；而吸食冰毒之后的瘾君子多会出现幻觉、极度的兴奋以及抑制类精神疾病，此时往往会出现因行为失控而发生的暴力犯罪行为。

## 禁毒课堂

### 1. 毒品为什么屡禁不止?

毒品之所以屡禁不止，主要原因在于毒品作用于人体后，神经系统会产生药物依赖性，也就是我们常说的毒瘾。这是瘾君子在长期吸食毒品后，身体处于的一种周期性兴奋状态。这种兴奋状态只能依靠长期补充新的毒品来维持，一旦毒品供应不上，将会使瘾君子遭受一系列难以忍受的生理和心理成瘾反应。

### 2. 为什么会有人对毒品产生好奇心?

好奇心是大多数瘾君子沾染毒品的原因之一，那么他们为什么会对毒品产生好奇心呢?

（1）毒品本身具有神秘色彩

毒品在大多数国家属于特别管制的物品，政府会以法律的形式，禁止毒品流入普通商品市场，所以毒贩或者瘾君子的毒品买卖活动都是通过“黑市”秘密进行的。毒品的这种神秘性往往会促使一部分人沾染上毒品。

（2）吸毒环境具有隐秘性

可以说大多数普通人没有亲眼见过瘾君子的吸毒场景。就算是知道一点，也是从新闻或者其他途径听说的。但是，如果一个普通人对毒品的想象和疑问持续了一段时间，就可能会对毒品产生强烈的好奇心理，致使他们决定采取实际行动，去尝试一下毒品。

## 3. 为什么有些人不能拒绝毒品?

一些不怀好意的人，总喜欢向身边的人推荐毒品，而死要面子的人，对这些所谓的朋友递过来的毒品，会觉得拒绝是很没有面子的事，于是就乖乖上钩，吸食了人生第一口毒品。

## 4. 为什么会有人炫耀吸毒?

有的人认为毒品属于“高档商品”，只有吸毒的人，才能融入所谓的上流社会，如果不吸毒，就会落伍。比如看到演艺界的明星涉毒，他们会拿这些明星当榜样，认为明星做的都是时髦和流行的。

## 5. 为什么会有人主动吸毒?

有的人认为吸毒能带来灵感，驱走疲劳，甚至还能减肥。然而正是在这种错误观念的驱使下，吸毒后，灵感没了，身体衰败了，最后生命都没了。

## 6. 为什么有人会被人忽悠吸毒?

有的人好交朋友，无论什么人，都喜欢结交，甚至明明知道一些场所人员复杂，却很天真地认为，自己很仗义，很有所谓的“范儿”，在一些涉毒高危场所，对陌生人递过来的酒水饮料统统“一饮而尽”。殊不知，这些酒水饮料中可能已经被人掺入了无色无味的毒品。

## 7. 为什么家庭失落之人容易吸毒?

有的人在家庭中找不到温暖，家庭的其他成员也的确冷落了这些人，尤其是一些单亲家庭，孩子因为父母离异的原因，得不到父母的爱，为了惩罚家人，其长大后，就可能一步一步地滑入毒品的深渊。

## 8. 为什么情感失控之人容易吸毒?

有的人，在感情、事业、学业等方面遇到挫折，萎靡不振，陷入人生无望、空虚寂寞的处境时，会投向毒品的“怀抱”，通过毒品寻找情感寄托。

## 9. 为什么有人会同毒品愚蠢较劲?

有的人，认为毒品并没有那么可怕，看见自己身边染上毒瘾的人难以自拔，简直可笑至极。又或者他们为了帮助身边的人戒掉毒瘾，决定以身试毒，认为随随便便想戒就能戒，可没想到“一入毒窟难抽身”，一朝染毒终身戒毒。

## 10. 为什么会有吸毒以追求刺激的念头?

有的人，认为吸毒很刺激，听说吸毒后会有“腾云驾雾”的感觉，就想寻求刺激，去尝试。殊不知，一朝染毒，终身都要忍受毒瘾的折磨，那种“如坠冰窖”“如虫啃噬”“如坠火海”的毒瘾发作后的难受感，是每一个瘾君子的“人生梦魇”。

## 案例警示录

### 莫持毒，持毒必被抓！

2018 年 2 月，郭某乘坐合肥至北京西的某次列车，其携带的数包可疑物品被公安机关查获并收缴。经鉴定，红色塑料袋内装褐色粉末重67克，检出海洛因成分；绿色塑料袋内装棕色粉末重107克，检出咖啡因、巴比妥成分；黑色塑料袋内装褐色粉末重2.3克，检出海洛因、咖啡因、巴比妥成分。郭某归案后，警方对其进行了尿样检验，呈阳性，且有戒断反应。郭某对其为了自己吸食而持有毒品的行为供认不讳。

## 律师点评

郭某非法持有毒品上百克，属于持有毒品数量大，应当依法对其判处非法持有毒品罪。

郭某的犯罪行为侵犯的是我国政府对毒品的管制和人民群众的身体健康。我国政府禁止任何人非法持有毒品，为此颁布了一系列的法律、行政法规。《中华人民共和国药品管理法》《麻醉药品和精神药品管理条例》这两个法律法规对麻醉药品药用原植物种植、制造、运输、使用、管理都作了明确、严格的规定，严禁任何人非法持有使用，任何单位和个人未经主管部门批准或许可，持有、保存毒品的行为均违反了国家对毒品管理的法律规定，而且行为人非法持有的毒品，随时可能流入社会，危害他人的健康。据此，为了维护国家对毒品的管制，保护人民群众的身体健康，对非法持有毒品的行为，必须予以惩处。

## 延伸阅读

### 加入禁毒志愿者

在我国，各地的禁毒机构和相关的社会组织面向社会招募禁毒志愿者，一般需要满足以下条件：

（1）年龄达到18周岁；

（2）身体健康；

（3）遵纪守法，遵守国家政策；

（4）遵守社会公序良俗；

（5）具备参与禁毒志愿服务项目及相应活动的基本素质，具有社会责任感。

具备上述条件的，持本人身份证到当地禁毒或者政法以及相关禁毒社会组织进行报名，也可以通过相关禁毒网站、微信进行报名。

# 第4课　远离毒品陷阱

## 秒懂图解

吸、贩毒暗语

很多瘾君子和毒贩子是用暗语来交流的，我们今天介绍几种常见毒品的暗语，望广大读者注意防范：

（1）冰毒：又叫猪肉、嘎嘎、牙签、象牙棒、钻石、奶茶、大力丸等；

（2）海洛因：又叫四号、海海、海白菜、小海等；

（3）K 粉：又叫嗨、打 K、裤子等；

（4）麻古：又叫小马、马儿、籽籽、果子等；

（5）大麻：又叫叶子、燃料、芦笋。

## 禁毒课堂

### 1. 远离毒品陷阱之网络论坛

早在 2014 年，我国警方破获了一起利用互联网论坛交易大麻的案件，该论坛名叫“飞行中国”，是一家专业种植大麻和交易大麻的网站。据统计，当时该论坛注册会员已经达到了 5931 人，创建 4 年后，论坛交流的帖子达到 18 万。在这个论坛里，“农夫”是种植大麻犯罪分子的暗语，而大麻则使用“燃料”暗语进行交流，那些通过该论坛购买大麻的瘾君子则被称为“飞行员”。

### 2. 远离毒品陷阱之聊天软件

微信、QQ、陌陌等原本是朋友之间聊天和交流的软件，但一些不法分子正是利用了这些聊天软件便捷的特点，通过聊天软件进行贩毒。2015 年，某地公安机关在侦办的一起网络贩毒案件中，发现涉毒 QQ 群 69 个，涉毒 QQ 号码 20000 多个。从这起案件中，广大读者一定要认识到，越来越多的毒贩开始利用聊天交友软件进行贩毒，要特别注意防范被陌生人拉入“朋友圈”，这很有可能是毒贩伺机向你推销毒品的伎俩。一旦进入这些交友软件的空间中，要特别注意查看 QQ 空间、微信朋友圈、陌陌动态里的相关介绍、留言等内容，一旦有涉毒问题，要提高警惕，并及时报警。

## 3. 远离毒品陷阱之网店购物

公安部门曾破获多起通过网店销售毒品的案件。根据统计，这些网店都是通过“网购”+“快递”的方式进行贩毒，为了逃避打击，多采取“挂羊头卖狗肉”的形式，如将毒品包装成音响、儿童玩具、保健品等形式，将毒品快递给瘾君子。

## 4. 远离毒品陷阱之微博贩毒

微博博主依靠转发和点击率提高人气，但也客观上为吸、贩毒提供了便利条件。曾经有一张大麻叶子的照片在微博上被转发上千次，一些瘾君子和毒贩子就是通过这种形式建立了联系。据统计，各种社交网站和微博，亦成为毒品违法犯罪的犯罪工具之一。更有甚者，一些不法分子通过社交网络传授制毒技术，还包括网上教唆吸毒、网上交易制毒物品、网上扩散新精神活性物质等违法犯罪行为。

## 5. 吸毒是自己的事儿，别人管不着吗？

曾有人鼓吹说，吸毒是自己的事，碍不着别人，别人也管不着。这是一种常见的错误观念，因为吸毒不仅损害了自己的身体，还会增加社会的不安定因素，造成社会财富的巨大浪费。瘾君子为了吸毒进而购买毒品，实际上就是在资助制、贩毒者。“毒品经济”一旦形成和发展，必然会对人民体质、社会安定、经济秩序造成巨大危害。

## 6. 远离毒品陷阱之吸毒就不是事儿？

曾有人鼓吹吸毒顶多是被治安管理处罚拘留几天，这根本不是事儿。其实，根据我国《戒毒条例》第四条之规定，县级以上地方人民政府设立的禁毒委员会可以组织公安机关、卫生行政和负责药品监督管理的部门开展吸毒监测、调查，并向社会公开监测、调查结果。这也就是说，只要因吸毒被治安管理处罚过，以后无论是住宾馆、去网吧、买火车票机票，还是去银行这些需要利用身份证进行登记的活动，都会进入处罚预警系统，而当地警方也会根据情况上门进行尿检之类的多种检测，给吸毒人带来诸多不方便，甚至还会因此丢掉工作。

## 7. 远离毒品陷阱之吸食大麻不违法？

放眼全球，的确有极少数国家有吸食大麻合法化的趋势，但是在我国，对任何毒品采取的都是“零容忍”的打击态度，我国政府也坚决反对任何形式的毒品合法化。依据我国《禁毒法》《治安管理处罚法》规定，吸食大麻是违法行为，将处以 10

日以上 15 日以下拘留，可以并处 2000 元以下罚款；情节较轻的，处 5 日以下拘留或者 500 元以下罚款；严重者将被强制隔离进行戒毒，构成犯罪的，将依法追究刑事责任。

## 8. 远离毒品陷阱之罂粟花好看，我可以种植吗？

罂粟花虽然好看，但好看的背后，是引诱人走向毒品犯罪的动因之一。在我国，种植罂粟属于违法行为，所以无论是在家里还是地里都不允许种植，情节轻微、种植数量小的要受到治安管理处罚，情节严重、种植量大的就属于犯罪行为。以种植罂粟为例，种植数量不足 500 株的，处 10 日以上 15 日以下拘留，可以并处 3000 元以下罚款；种植数量超过 500 株的，就涉嫌犯罪。

## 9. 远离毒品陷阱之拒交狐朋狗友！

有些社区居民好交朋友，认为多个朋友多条路，但如果身边有吸毒的朋友，就请一定要远离这些“毒友”，因为他们是你人生路上的阻碍。和他们交往，只能给自己带来悲惨的结局。朋友就好像另外一个自己，一旦朋友有吸毒的恶习，你可能也会跟着效仿；一旦朋友以吸毒的方式炫耀自己见过世面，你可能就会不甘示弱地以身试毒；一旦朋友向你介绍吸毒的刺激，你可能会跃跃欲试地表示要尝一口。所以，你与这样的朋友交往，最后的结局，就是一起坠入毒品的深渊。

## 10. 可以采取哪些方法使社区居民远离毒品?

(1)对制毒和贩毒行为，要予以严厉的取缔和打击。

(2)对可能涉毒的娱乐场所，要予以严格的管理。

(3)要对社区居民开展禁毒宣传教育。

(4)逐步加强禁毒医疗设备的投入，完善戒毒与预防措施。

(5)增加社区居民健康娱乐项目的建设，坚决取缔涉毒的不良娱乐设施。

## 案例警示录

### 莫包庇，包庇必治罪!

2017年，孙某经人介绍，在某市度假酒店贩卖毒品氯胺酮时被警方当场抓获。警方在对其审讯过程中，孙某表示想戴罪立功。通过孙某的供述，警方又顺利破获一起贩毒案。但在抓捕过程中，孙某伺机逃脱。

孙某逃脱后，于2018年1月与朋友李某取得联系。李某在明知孙某贩毒逃脱的情况下，依然向其提供资金5000元，并为其提供藏匿住所。2018年3月，东窗事发，李某因包庇孙某被警方抓获，并对其包庇行为供认不讳。

#### 律师点评

李某在明知孙某是毒贩的情况下，还为其提供金钱和藏匿住所，属于包庇毒贩的行为，依照法律，李某已经构成包庇毒品犯罪分子罪。

李某的犯罪行为侵犯的是我国司法机关同毒贩作斗争的正常司法活动。包庇毒品犯罪分子的社会危害性就在于不仅妨碍了司法机关对毒贩的及时惩处，还使毒贩逍遥法外，逃避法律的制裁，继续作恶，危害社会。因此，对包庇毒品犯罪分子的行为予以惩处是十分必要的。

## 延伸阅读

### 海洛因吸食三次以上才会上瘾？

海洛因早期是由德国拜尔药物化学公司作为吗啡成瘾的戒断药进行批量生产和临床应用的，但后来发现海洛因的成瘾性比吗啡还要高数倍，所以停止在临床上的应用。鉴于海洛因有欣快感的药理学特性，吸食海洛因毒品刚开始的时候就有一种欢愉舒适的内心体验，通过实践表明，第一次吸食海洛因会有浑身乏力和难受的感觉，第二次就肯定会上瘾，难以摆脱，主要原因就在于第二次吸食，人体已经适应了毒品，进而产生生理和心理上的依赖。基于此，海洛因号称毒品之王，极难戒断，而那些认为偶尔吸一次，甚至所谓的第三次吸食才会上瘾，都是不可取的、非常危险的观点。

# 第5课　禁毒宣传与管制

## 秒懂图解

禁毒宣传重点区域

以下区域原本是使人放松身心、尽情愉悦的场所，但也是贩毒分子觊觎、毒品肆虐的重灾区域，应当重点在这些区域进行禁毒宣传：

（1）酒吧；

（2）夜总会；

（3）KTV；

（4）私人会所；

（5）洗浴中心；

（6）宾馆；

（7）农家院；

（8）网吧；

（9）足疗、按摩门店。

## 禁毒课堂

### 1. 我国政府如何开展禁毒宣传？

国家采取各种形式开展全民禁毒宣传教育，普及毒品预防知识，增强公民的禁毒意识，提高公民自觉抵制毒品的能力。国家鼓励公民、组织开展公益性的禁毒宣传活动。各级人民政府应当经常组织开展多种形式的禁毒宣传教育。

### 2. 我国教育机构如何开展禁毒宣传？

教育机构应当经常组织开展多种形式的禁毒宣传教育。教育行政部门、学校应当将禁毒知识纳入教育、教学内容，对学生进行禁毒宣传教育。公安机关、司法行政部门和卫生行政部门应当予以协助。

## 3. 我国媒体机构和公共场所如何开展禁毒宣传?

新闻、出版、文化、广播、电影、电视等有关单位，应当有针对性地面向社会进行禁毒宣传教育。飞机场、火车站、长途汽车站、码头以及旅店、娱乐场所等公共场所的经营者、管理者，负责本场所的禁毒宣传教育，落实禁毒防范措施，预防毒品违法犯罪行为在本场所内发生。

## 4. 我国用人单位和自治组织如何开展禁毒宣传?

国家机关、社会团体、企业事业单位以及其他组织，应当加强对本单位人员的禁毒宣传教育。居民委员会、村民委员会应当协助人民政府以及公安机关等部门，加强禁毒宣传教育，落实禁毒防范措施。

## 5. 我国政府对麻醉药品药用原植物如何管制?

国家对麻醉药品药用原植物种植实行管制。禁止非法种植罂粟、古柯植物、大麻植物以及国家规定管制的可以用于提炼加工毒品的其他原植物。禁止走私或者非法买卖、运输、携带、持有未经灭活的毒品原植物种子或者幼苗。地方各级人民政府发现非法种植毒品原植物的，应当立即采取措施予以制止、铲除。村民委员会、居民委员会发现非法种植毒品原植物的，应当及时予以制止、铲除，并向当地公安机关报告。

## 6. 我国政府对种植麻醉药品药用原植物的企业如何管制？

国家确定的麻醉药品药用原植物种植企业，必须按照国家有关规定种植麻醉药品药用原植物。国家确定的麻醉药品药用原植物种植企业的提取加工场所，以及国家设立的麻醉药品储存仓库，列为国家重点警戒目标。未经许可，擅自进入国家确定的麻醉药品药用原植物种植企业的提取加工场所或者国家设立的麻醉药品储存仓库等警戒区域的，由警戒人员责令其立即离开；拒不离开的，强行带离现场。

## 7. 我国政府对麻醉药品和精神药品的生产、运输等如何管制？

国家对麻醉药品和精神药品实行管制，对麻醉药品和精神药品的实验研究、生产、经营、使用、储存、运输实行许可和查验制度。国家对易制毒化学品的生产、经营、购买、运输实行许可制度。禁止非法生产、买卖、运输、储存、提供、持有、使用麻醉药品、精神药品和易制毒化学品。

## 8. 我国政府对进出口麻醉药品和精神药品如何管制？

国家对麻醉药品、精神药品和易制毒化学品的进口、出口实行许可制度。国务院有关部门应当按照规定的职责，对进口、出口麻醉药品、精神药品和易制毒化学品依法进行管理。禁止走私麻醉药品、精神药品和易制毒化学品。

## 9. 麻醉药品和精神药品被盗、被抢或丢失，该怎么处理？

发生麻醉药品、精神药品和易制毒化学品被盗、被抢、丢失或者其他流入非法渠道的情形，案发单位应当立即采取必要的控制措施，并立即向公安机关报告，同时依照规定向有关主管部门报告。公安机关接到报告后，或者有证据证明麻醉药品、精神药品和易制毒化学品可能流入非法渠道的，应当及时开展调查，并可以对相关单位采取必要的控制措施。药品监督管理部门、卫生行政部门以及其他有关部门应当配合公安机关开展工作。

## 10. 根据缉毒的需要，公安、海关、邮政企业可以采取何种措施？

公安机关根据查缉毒品的需要，可以在边境地区、交通要道、口岸以及飞机场、火车站、长途汽车站、码头对来往人员、物品、货物以及交通工具进行毒品和易制毒化学品检查，民航、铁路、交通部门应当予以配合。海关应当依法加强对进出口岸的人员、物品、货物和运输工具的检查，防止走私毒品和易制毒化学品。邮政企业应当依法加强对邮件的检查，防止邮寄毒品和非法邮寄易制毒化学品。

## 11. 在娱乐场所发现吸、贩毒和洗钱行为，该怎么处理？

娱乐场所应当建立巡查制度，发现娱乐场所内有毒品违法犯罪活动的，应当立即向公安机关报告。对依法查获的毒品，吸食、注射毒品的用具，毒品违法犯罪的非法所得及其收益，以及直接用于实施毒品违法犯罪行为的本人所有的工具、设备、资金，应当收缴，依照规定处理。反洗钱行政主管部门应当依法加强对可疑毒品犯罪资金的监测。反洗钱行政主管部门和其他依法负有反洗钱监督管理职责的部门、机构发现涉嫌毒品犯罪的资金流动情况，应当及时向侦查机关报告，并配合侦查机关做好侦查、调查工作。

### 案例警示录

#### 莫藏毒，藏毒必被抓！

2018 年 3 月，警方经过半年多努力，将某市保安李某锁定为一起“贩毒案”的重点怀疑对象。在对李某展开抓捕的过程中，警方并未在其暂住地发现毒品，致使李某暂时逃脱法律制裁。一个月后，经“特情”提供线索，之所以未在李某暂住处发现毒品，原因在于李某的妻子王某，明知李某有贩毒行为，在警方抓捕李某的前一天，将 48.3 克冰毒藏在自家菜地水井旁。在警方严密的布控下，二人被绳之以法。

## 律师点评

王某明知李某贩毒，还对其毒品进行藏匿，其行为已经构成窝藏毒品罪。

王某的犯罪行为，是一起明知是毒品而为毒贩窝藏、转移毒品的典型案例，侵犯的是我国政府对毒品的管理制度和国家的司法秩序。毒品是我国严格管制的违禁品，为毒贩窝藏、转移毒品的行为不仅破坏毒品管理制度，还给司法机关的侦查、审判等司法活动造成障碍，具有较大的社会危害性，依法必须予以严惩。

## 延伸阅读

### 养成良好生活习惯的重要性

禁毒宣传和管制除了主管部门采取相关措施外，还需要社区居民养成良好的生活习惯。许多瘾君子，在很小的时候就开始抽烟和酗酒，长大后开始吸毒甚至贩毒。所以，远离毒品、拒绝毒品就要从远离抽烟和酗酒做起。尤其是不要轻易涉足毒品高危场所，如我们前面所述的夜总会、酒吧、迪厅等地方。因为这些场所的情况相当复杂，可能会有一些不利于人们身心健康的东西在里面传播。一些娱乐场所在管理上存在严重的不足和漏洞，往往成为吸、贩毒活动的主要场所，经常涉足很容易发生染毒问题。

# 第6课　麻醉药品与精神药品

## 秒懂图解

与毒品有关的麻醉药品与精神药品

1. 麻醉药品

（1）阿片类；

（2）吗啡类；

（3）盐酸乙基吗啡类；

（4）可待因类；

（5）福呵定类；

（6）可卡因类；

（7）合成麻醉药类。

### 2. 精神药品

（1）镇静催眠药和抗焦虑药，如巴比妥类、苯二氮卓类、三唑仑等；

（2）中枢兴奋剂，如甲基苯丙胺、亚甲二氧基甲基苯丙胺等；

（3）致幻剂，如麦角酰二乙胺（LSD）、北美仙人球碱、苯环利啶（PCP）等。

## 禁毒课堂

### 1. 什么是麻醉药品和精神药品？

麻醉药品和精神药品，是指列入麻醉药品目录、精神药品目录（以下称目录）的药品和其他物质。精神药品分为第一类精神药品和第二类精神药品。目录由国务院药品监督管理部门会同国务院公安部门、国务院卫生主管部门制定、调整并公布。上市销售但尚未列入目录的药品和其他物质或者第二类精神药品发生滥用，已经造成或者可能造成严重社会危害的，国务院药品监督管理部门会同国务院公安部门、国务院卫生主管部门应当及时将该药品和该物质列入目录或者将该第二类精神药品调整为第一类精神药品。

## 2. 麻醉药品和精神药品由谁负责监督管理？

国务院药品监督管理部门负责全国麻醉药品和精神药品的监督管理工作，并会同国务院农业主管部门对麻醉药品药用原植物实施监督管理。国务院公安部门负责对造成麻醉药品药用原植物、麻醉药品和精神药品流入非法渠道的行为进行查处。国务院其他有关主管部门在各自的职责范围内负责与麻醉药品和精神药品有关的管理工作。省、自治区、直辖市人民政府药品监督管理部门负责本行政区域内麻醉药品和精神药品的监督管理工作。县级以上地方公安机关负责对本行政区域内造成麻醉药品和精神药品流入非法渠道的行为进行查处。县级以上地方人民政府其他有关主管部门在各自的职责范围内负责与麻醉药品和精神药品有关的管理工作。

## 3. 麻醉药品和精神药品的研发应当符合什么条件？

开展麻醉药品和精神药品实验研究活动应当具备下列条件，并经国务院药品监督管理部门批准：（1）以医疗、科学研究或者教学为目的；（2）有保证实验所需麻醉药品和精神药品安全的措施和管理制度；（3）单位及其工作人员 2 年内没有违反有关禁毒的法律、行政法规规定的行为。

## 4. 麻醉药品和精神药品定点生产企业应当符合什么条件?

麻醉药品和精神药品的定点生产企业应当具备下列条件:(1)有药品生产许可证;(2)有麻醉药品和精神药品实验研究批准文件;(3)有符合规定的麻醉药品和精神药品生产设施、储存条件和相应的安全管理设施;(4)有通过网络实施企业安全生产管理和向药品监督管理部门报告生产信息的能力;(5)有保证麻醉药品和精神药品安全生产的管理制度;(6)有与麻醉药品和精神药品安全生产要求相适应的管理水平和经营规模;(7)麻醉药品和精神药品生产管理、质量管理部门的人员应当熟悉麻醉药品和精神药品管理以及有关禁毒的法律、行政法规;(8)没有生产、销售假药、劣药或者违反有关禁毒的法律、行政法规规定的行为;(9)符合国务院药品监督管理部门公布的麻醉药品和精神药品定点生产企业数量和布局的要求。

## 5. 麻醉药品和精神药品定点批发企业需要符合什么条件?

开办药品经营企业必须具备以下条件:(1)具有依法经过资格认定的药学技术人员;(2)具有与所经营药品相适应的营业场所、设备、仓储设施、卫生环境;(3)具有与所经营药品相适应的质量管理机构或者人员;(4)具有保证所经营药品质量的规章制度。

麻醉药品和精神药品定点批发企业除应当具备上述条件外,

还应当具备下列条件：（1）有符合《麻醉药品和精神药品管理条例》规定的麻醉药品和精神药品储存条件；（2）有通过网络实施企业安全管理和向药品监督管理部门报告经营信息的能力；（3）单位及其工作人员 2 年内没有违反有关禁毒的法律、行政法规规定的行为；（4）符合国务院药品监督管理部门公布的定点批发企业布局。

麻醉药品和第一类精神药品的定点批发企业，还应当具有保证供应责任区域内医疗机构所需麻醉药品和第一类精神药品的能力，并具有保证麻醉药品和第一类精神药品安全经营的管理制度。

## 6. 医疗机构取得“印鉴卡”应符合什么条件？

医疗机构需要使用麻醉药品和第一类精神药品的，应当经所在地设区的市级人民政府卫生主管部门批准，取得麻醉药品、第一类精神药品购用印鉴卡（简称印鉴卡）。医疗机构取得印鉴卡应当具备下列条件：（1）有专职的麻醉药品和第一类精神药品管理人员；（2）有获得麻醉药品和第一类精神药品处方资格的执业医师；（3）有保证麻醉药品和第一类精神药品安全储存的设施和管理制度。

## 7. 如何监管麻醉药品和精神药品的处方？

执业医师应当使用专用处方开具麻醉药品和精神药品，

单张处方的最大用量应当符合国务院卫生主管部门的规定。对麻醉药品和第一类精神药品处方，处方的调配人、核对人应当仔细核对，签署姓名，并予以登记；对不符合《麻醉药品和精神药品管理条例》规定的，处方的调配人、核对人应当拒绝发药。麻醉药品和精神药品专用处方的格式由国务院卫生主管部门规定。

医疗机构应当对麻醉药品和精神药品处方进行专册登记，加强管理。麻醉药品处方至少保存3年，精神药品处方至少保存2年。

## 8. 储藏麻醉药品和第一类精神药品的专库应当符合什么条件？

麻醉药品药用原植物种植企业、定点生产企业、全国性批发企业和区域性批发企业以及国家设立的麻醉药品储存单位，应当设置储存麻醉药品和第一类精神药品的专库。该专库应当符合下列要求：（1）安装专用防盗门，实行双人双锁管理；（2）具有相应的防火设施；（3）具有监控设施和报警装置，报警装置应当与公安机关报警系统联网。

全国性批发企业经国务院药品监督管理部门批准设立的药品储存点应当符合上述要求。

麻醉药品定点生产企业应当将麻醉药品原料药和制剂分别存放。

## 9. 托运麻醉药品和第一类精神药品的，需要符合什么流程？

托运或者自行运输麻醉药品和第一类精神药品的单位，应当向所在地设区的市级药品监督管理部门申请领取运输证明。运输证明有效期为 1 年。运输证明应当由专人保管，不得涂改、转让、转借。

托运人办理麻醉药品和第一类精神药品运输手续，应当将运输证明副本交付承运人。承运人应当查验、收存运输证明副本，并检查货物包装。没有运输证明或者货物包装不符合规定的，承运人不得承运。承运人在运输过程中应当携带运输证明副本，以备查验。

## 10. 邮寄麻醉药品和精神药品的，需要符合什么流程？

邮寄麻醉药品和精神药品，寄件人应当提交所在地设区的市级药品监督管理部门出具的准予邮寄证明。邮政营业机构应当查验、收存准予邮寄证明；没有准予邮寄证明的，邮政营业机构不得收寄。省、自治区、直辖市邮政主管部门指定符合安全保障条件的邮政营业机构负责收寄麻醉药品和精神药品。邮政营业机构收寄麻醉药品和精神药品，应当依法对收寄的麻醉药品和精神药品予以查验。邮寄麻醉药品和精神药品的具体管理办法，由国务院药品监督管理部门会同国务院邮政主管部门制定。

## 11. 在监管麻醉药品和精神药品过程中的失职、渎职行为包括哪些?

药品监督管理部门、卫生主管部门违反《麻醉药品和精神药品管理条例》的规定，有下列情形之一的，由其上级行政机关或者监察机关责令改正；情节严重的，对直接负责的主管人员和其他直接责任人员依法给予行政处分；构成犯罪的，依法追究刑事责任:（1）对不符合条件的申请人准予行政许可或者超越法定职权作出准予行政许可决定的；（2）未到场监督销毁过期、损坏的麻醉药品和精神药品的；（3）未依法履行监督检查职责，应当发现而未发现违法行为、发现违法行为不及时查处，或者未依照《麻醉药品和精神药品管理条例》规定的程序实施监督检查的；（4）违反《麻醉药品和精神药品管理条例》规定的其他失职、渎职行为。

## 12. 对麻醉药品药用原植物种植企业的何种违法行为，应当给予 5 万元以上 10 万元以下的处罚?

麻醉药品原植物种植企业违反《麻醉药品和精神药品管理条例》的规定，有下列情形之一的，由药品监督管理部门责令限期改正，给予警告；逾期不改正的，处 5 万元以上 10 万元以下的罚款:（1）未依照麻醉药品药用原植物年度种植计划进行种植的；（2）未依照规定报告种植情况的；（3）未依照规定储存麻醉药品的。

## 13. 对麻醉药品和精神药品定点生产企业的何种违法行为，可以给予 5 万元以上 10 万元以下处罚？

定点生产企业违反《麻醉药品和精神药品管理条例》的规定，有下列情形之一的，由药品监督管理部门责令限期改正，给予警告，并没收违法所得和违法销售的药品；逾期不改正的，责令停产，并处 5 万元以上 10 万元以下的罚款：（1）未按照麻醉药品和精神药品年度生产计划安排生产的；（2）未依照规定向药品监督管理部门报告生产情况的；（3）未依照规定储存麻醉药品和精神药品，或者未依照规定建立、保存专用账册的；（4）未依照规定销售麻醉药品和精神药品的；（5）未依照规定销毁麻醉药品和精神药品的。

## 14. 麻醉药品和精神药品定点批发企业何种违法行为，可以给予 2 万元以上 5 万元以下处罚？

定点批发企业违反《麻醉药品和精神药品管理条例》的规定，有下列情形之一的，由药品监督管理部门责令限期改正，给予警告；逾期不改正的，责令停业，并处 2 万元以上 5 万元以下的罚款：（1）未依照规定购进麻醉药品和第一类精神药品的；（2）未保证供药责任区域内的麻醉药品和第一类精神药品的供应的；（3）未对医疗机构履行送货义务的；（4）未依照规定报告麻醉药品和精神药品的进货、销售、库存数量以及流向的；（5）未依照规定储存麻醉药品和精神药品，或者未依照规定建立、保存专用账册的；（6）未依照规定销毁麻醉药品和精神药品的；（7）区域性批发企业之间违反《麻醉药品和精神药品管理条例》的规定调剂麻醉药品和第一类精神药品，或者因特殊情况调剂麻醉药品和第一类精神药品后未依照规定备案的。

## 15. 取得印鉴卡的医疗机构，从事何种违法行为可以给予处分？

取得印鉴卡的医疗机构违反《麻醉药品和精神药品管理条例》的规定，有下列情形之一的，由设区的市级人民政府卫生主管部门责令限期改正，给予警告；逾期不改正的，处 5000 元以上 1 万元以下的罚款；情节严重的，吊销其印鉴卡；对直接负责的主管人员和其他直接责任人员，依法给予降级、撤职、开除的处分：（1）未依照规定购买、储存麻醉药品和第一类精神药品的；（2）未依照规定保存麻醉药品和精神药品专用处方，或者未依照规定进行处方专册登记的；（3）未依照规定报告麻醉药品和精神药品的进货、库存、使用数量的；（4）紧急借用麻醉药品和第一类精神药品后未备案的；（5）未依照规定销毁麻醉药品和精神药品的。

## 案例警示录

### 莫走私，走私必被抓！

2017 年 3 月，陈某窜至昆明与商人李某共谋制毒物品生意，商定由陈某出资，李某组织货源。后李某从某市新新公司购得丙酮 76 桶重 11.8 吨、氯仿 22 桶重 6.94 吨，交给陈某。陈某将上述制毒物品分别藏匿于多辆大货车内，并用化肥掩盖后从昆明偷运至缅甸进行贩卖。在贩卖途中，被我边防公安干警查获！

#### 律师点评

陈某和李某等人的行为，已经构成走私制毒物品罪。

陈某和李某等人的犯罪行为侵犯了我国政府对醋酸酐、乙醚、三氯甲烷或者其他用于制造毒品的原料或者配剂进出口的管制和国家对外贸易管制。用于制造毒品的原料或者配剂，既是医药和工农业生产的原料产品，又是毒贩制造毒品不可缺少的物品。我国政府严禁任何单位和个人非法运输、携带制毒化学物品进出国（边）境。近年来，由于泰国、缅甸等周边国家对有关化学物品的生产、进口、运输、使用等环节进行了严格的管控，境外的制毒犯罪分子有时从我国走私上述物品，基于此，必须对走私制毒物品的行为，予以严厉打击。

## 延伸阅读

### 麻醉类毒品与精神类毒品的区别

麻醉类毒品主要是麻醉药品被滥用后，能够使瘾君子的身体产生依赖性，能形成瘾癖的药品。主要包括阿片类、可卡因类、大麻类及其合成麻醉类。这类毒品除了欣快感，还有止痛和麻醉的作用。

精神类毒品主要是精神药品被滥用后，直接作用于瘾君子的中枢神经系统，使其持续兴奋或者抑制，连续使用后，会产生依赖性的药品。主要包括抑制剂、致幻剂、兴奋剂，如冰毒、摇头丸、K粉等。这类毒品会严重刺激和损伤瘾君子的中枢神经。

# 第 7 课　易制毒化学品的监管

## 秒懂图解

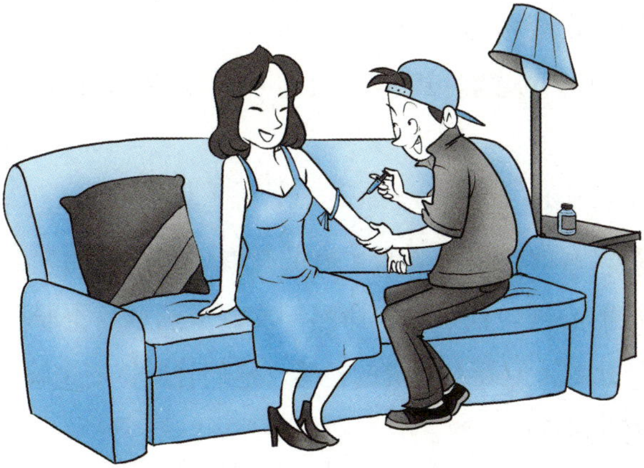

易吸毒的八种心理

### 1. 好奇心理

这类人觉得吸毒新鲜、刺激、时髦，于是抱着试试看的好奇心理进而沾染毒品。

### 2. 享乐心理

这类人将毒品视为“及时行乐”的工具。抱着“今朝有酒今朝醉”的心理沾染了毒品。

### 3. 刺激心理

这类人将毒品视为追求心理刺激的工具，他们往往刚遭遇心理打击，为寻求心理安慰而沾染毒品。

### 4. 依赖心理

这类人将毒品视为心理依赖的工具，遇见挫折不是找解决的办法，而是通过沾染毒品逃避现实，进而依赖毒品度日。

### 5. 侥幸心理

这类人已经吸毒，但凡吸毒的人，总会抱有侥幸的心理，认为吸毒不会被抓，其实不然，一旦吸毒必将受到法律的严惩。

### 6. 赌徒心理

这类人有的是以贩养吸，有的是专门靠贩毒为生，他们有一种赌徒的心理，往往会拿命赌一次，虽然毒品犯罪在我国最高可判处死刑，但面对毒资的诱惑，他们甘愿铤而走险！

### 7. 叛逆心理

这类人的年龄大多在 18 周岁到 35 周岁之间，他们长期游走在道德与法律的边缘，经常会做出一些“出格”的事，一旦沾染毒品，极难自拔！

### 8. 绝望心理

这类人，一旦沾染毒品，虽然想摆脱毒品的困扰，但停止吸毒后的戒断症状，又让他们望而却步，在完全陷入“毒沼”后，对未来和生活都失去信心。

## 禁毒课堂

### 1. 在我国，易制毒化学品如何管理？分为几类？

国家对易制毒化学品的生产、经营、购买、运输和进口、出口实行分类管理和许可制度。

易制毒化学品分为三类。第一类是可以用于制毒的主要原料，第二类、第三类是可以用于制毒的化学配剂。

易制毒化学品的分类和品种需要调整的，由国务院公安部门会同国务院药品监督管理部门、安全生产监督管理部门、商务主管部门、卫生主管部门和海关总署提出方案，报国务院批准。省、自治区、直辖市人民政府认为有必要在本行政区域内调整分类或者增加《易制毒化学品管理条例》规定以外的品种的，应当向国务院公安部门提出，由国务院公安部门会同国务院有关行政主管部门提出方案，报国务院批准。

### 2. 在全国范围内，相关部门如何分管易制毒化学品？

国务院公安部门、药品监督管理部门、安全生产监督管理部门、商务主管部门、卫生主管部门、海关总署、价格主管部门、铁路主管部门、交通主管部门、市场监督管理部门、生态环境主管部门在各自的职责范围内，负责全国的易制毒化学品有关管理工作；县级以上地方各级人民政府有关行政主管部门在各自的职责范围内，负责本行政区域内的易制毒化学品有关管理工作。

县级以上地方各级人民政府应当加强对易制毒化学品管理工作的领导，及时协调解决易制毒化学品管理工作中的问题。

## 3. 第一类易制毒化学品包括哪些?

（1）1– 苯基 –2– 丙酮；（2）3, 4– 亚甲基二氧苯基 –2– 丙酮；（3）胡椒醛；（4）黄樟素；（5）黄樟油；（6）异黄樟素；（7）N– 乙酰邻氨基苯酸；（8）邻氨基苯甲酸；（9）麦角酸；（10）麦角胺；（11）麦角新碱；（12）麻黄素、伪麻黄素、消旋麻黄素、去甲麻黄素、甲基麻黄素、麻黄浸膏、麻黄浸膏粉等麻黄素类物质。

## 4. 第二类易制毒化学品包括哪些?

（1）苯乙酸；（2）醋酸酐；（3）三氯甲烷；（4）乙醚；（5）哌啶。

## 5. 第三类易制毒化学品包括哪些?

（1）甲苯；（2）丙酮；（3）甲基乙基酮；（4）高锰酸钾；（5）硫酸；（6）盐酸。

## 6. 易制毒化学品的生产、运输等应遵守哪些规定？

易制毒化学品的生产、经营、购买、运输和进口、出口，除应当遵守《易制毒化学品管理条例》的规定外，属于药品和危险化学品的，还应当遵守法律、其他行政法规对药品和危险化学品的有关规定。

禁止走私或者非法生产、经营、购买、转让、运输易制毒化学品。禁止使用现金或者实物进行易制毒化学品交易。但是，个人合法购买第一类中的药品类易制毒化学品药品制剂和第三类易制毒化学品的除外。生产、经营、购买、运输和进口、出口易制毒化学品的单位，应当建立单位内部易制毒化学品管理制度。

## 7. 生产第一类易制毒化学品，应当具备什么条件？

申请生产第一类中的药品类易制毒化学品的，由省、自治区、直辖市人民政府药品监督管理部门审批；申请生产第一类中的非药品类易制毒化学品的，由省、自治区、直辖市人民政府安全生产监督管理部门审批。

申请生产第一类易制毒化学品，应当具备下列条件，并经上述规定的行政主管部门审批，取得生产许可证后，方可进行生产：

（1）属依法登记的化工产品生产企业或者药品生产企业；（2）有符合国家标准的生产设备、仓储设施和污染物处理设施；（3）有严格的安全生产管理制度和环境突发事件应急预案；（4）企业法定代表人和技术、管理人员具有安全生产和易制毒化学品的有关知识，无毒品犯罪记录；（5）法律、法规、规章规定的其他条件。

申请生产第一类中的药品类易制毒化学品，还应当在仓储场所等重点区域设置电视监控设施以及与公安机关联网的报警装置。

## 8. 经营第一类易制毒化学品，应当具备什么条件?

申请经营第一类中的药品类易制毒化学品的，由省、自治区、直辖市人民政府药品监督管理部门审批；申请经营第一类中的非药品类易制毒化学品的，由省、自治区、直辖市人民政府安全生产监督管理部门审批。

申请经营第一类易制毒化学品，应当具备下列条件，并经上述规定的行政主管部门审批，取得经营许可证后，方可进行经营：（1）属依法登记的化工产品经营企业或者药品经营企业；（2）有符合国家规定的经营场所，需要储存、保管易制毒化学品的，还应当有符合国家技术标准的仓储设施；（3）有易制毒化学品的经营管理制度和健全的销售网络；（4）企业法定代表人和销售、管理人员具有易制毒化学品的有关知识，无毒品犯罪记录；（5）法律、法规、规章规定的其他条件。

## 9. 购买第一类易制毒化学品应当符合什么流程?

申请购买第一类中的药品类易制毒化学品的，由所在地的省、自治区、直辖市人民政府药品监督管理部门审批；申请购买第一类中的非药品类易制毒化学品的，由所在地的省、自治区、直辖市人民政府公安机关审批。上述规定的行政主管部门应当自收到申请之日起 10 日内，对申请人提交的申请材料和证件进行审查。对符合规定的，发给购买许可证；不予许可的，应当书面说明理由。审查第一类易制毒化学品购买许可申请材料时，根据需要，可以进行实地核查。

申请购买第一类易制毒化学品，应当提交下列证件，经上述规定的行政主管部门审批，取得购买许可证：（1）经营企业提交企业营业执照和合法使用需要证明；（2）其他组织提交登记证书（成立批准文件）和合法使用需要证明。

## 10. 对外销售易制毒化学品，如何报备？

经营单位应当建立易制毒化学品销售台账，如实记录销售的品种、数量、日期、购买方等情况。销售台账和证明材料复印件应当保存 2 年备查。第一类易制毒化学品的销售情况，应当自销售之日起 5 日内报当地公安机关备案；第一类易制毒化学品的使用单位，应当建立使用台账，并保存 2 年备查。第二类、第三类易制毒化学品的销售情况，应当自销售之日起 30 日内报当地公安机关备案。

## 11. 进口或者出口易制毒化学品，应当提交什么材料？

申请进口或者出口易制毒化学品，应当提交下列材料，经国务院商务主管部门或者其委托的省、自治区、直辖市人民政府商务主管部门审批，取得进口或者出口许可证后，方可从事进口、出口活动:（1）对外贸易经营者备案登记证明（外商投资企业联合年检合格证书）复印件;（2）营业执照副本;（3）易制毒化学品生产、经营、购买许可证或者备案证明;（4）进口或者出口合同（协议）副本;（5）经办人的身份证明。申请易制毒化学品出口许可的，还应当提交进口方政府主管部门出具的合法使用易制毒化学品的证明或者进口方合法使用的保证文件。

## 12. 从事何种违法行为，可以吊销企业易制毒化学品生产经营许可证?

违反《易制毒化学品管理条例》规定，有下列行为之一的，由负有监督管理职责的行政主管部门给予警告，责令限期改正，处1万元以上5万元以下的罚款；对违反规定生产、经营、购买的易制毒化学品可以予以没收；逾期不改正的，责令限期停产停业整顿；逾期整顿不合格的，吊销相应的许可证:（1）易制毒化学品生产、经营、购买、运输或者进口、出口单位未按规定建立安全管理制度的；（2）将许可证或者备案证明转借他人使用的；（3）超出许可的品种、数量生产、经营、购买易制毒化学品的；（4）生产、经营、购买单位不记录或者不如实记录交易情况、不按规定保存交易记录或者不如实、不及时向公安机关和有关行政主管部门备案销售情况的;（5）易制毒化学品丢失、被盗、被抢后未及时报告，造成严重后果的；（6）除个人合法购买第一类中的药品类易制毒化学品药品制剂以及第三类易制毒化学品外，使用现金或者实物进行易制毒化学品交易的；（7）易制毒化学品的产品包装和使用说明书不符合本条例规定要求的；（8）生产、经营易制毒化学品的单位不如实或者不按时向有关行政主管部门和公安机关报告年度生产、经销和库存等情况的。企业的易制毒化学品生产经营许可被依法吊销后，未及时到市场监督管理部门办理经营范围变更或者企业注销登记的，依照上述规定，对易制毒化学品予以没收，并处罚款。

## 13. 未经许可或者备案，擅自生产、经营、购买、运输易制毒化学品的，如何处罚？

未经许可或者备案擅自生产、经营、购买、运输易制毒化学品，伪造申请材料骗取易制毒化学品生产、经营、购买或者运输许可证，使用他人的或者伪造、变造、失效的许可证生产、经营、购买、运输易制毒化学品的，由公安机关没收非法生产、经营、购买或者运输的易制毒化学品、用于非法生产易制毒化学品的原料以及非法生产、经营、购买或者运输易制毒化学品的设备、工具，处非法生产、经营、购买或者运输的易制毒化学品货值 10 倍以上 20 倍以下的罚款，货值的 20 倍不足 1 万元的，按 1 万元罚款；有违法所得的，没收违法所得；有营业执照的，由市场监督管理部门吊销营业执照；构成犯罪的，依法追究刑事责任。对有上述违法行为的单位或者个人，有关行政主管部门可以自作出行政处罚决定之日起 3 年内，停止受理其易制毒化学品生产、经营、购买、运输或者进口、出口许可申请。

## 14. 跨市运输易制毒化学品的，应当如何申请审批或者备案？

跨设区的市级行政区域（直辖市为跨市界）或者在国务院公安部门确定的禁毒形势严峻的重点地区跨县级行政区域运输第一类易制毒化学品的，由运出地的设区的市级人民政府公安机关审批；运输第二类易制毒化学品的，由运出地的县级人民政府公安机关审批。经审批取得易制毒化学品运输许可证后，方可运输。运输第三类易制毒化学品的，应当在运输前向运出地的县级人民政府公安机关备案。公安机关应当于收到备案材料的当日发给备案证明。

## 15. 社区居民个人能否购买易制毒化学品？

持有麻醉药品、第一类精神药品购买印鉴卡的医疗机构购买第一类中的药品类易制毒化学品的，无须申请第一类易制毒化学品购买许可证。但是，社区居民个人不得购买第一类、第二类易制毒化学品。

## 案例警示录

### 莫买卖制毒物品，买卖必被抓！

2017 年 12 月，赵某与叶某协商从某市购买麻黄碱，到某县进行贩卖，赵某与卖家联系好后，叶某前往某市购买。2018年1月，叶某到某市与卖家取得联系，并以3万元的价格购买了麻黄碱，同年1月20日，叶某携带购买的麻黄碱通过乘坐高速大巴车返回某市。1月21日2时许，公安机关在某公路路边，将准备乘坐出租车返回家中的叶某抓获，并当场从其携带的拉杆箱内查获白色粉末状物品两包，经称量净重2685.90克。经公安部物证鉴定中心鉴定，白色粉末状物品中含有氯代麻黄碱成分。又经国家毒品实验室鉴定，检材中氯代麻黄碱含量为81.2%。

## 律师点评

赵某和叶某的行为已经构成非法买卖制毒物品罪。

赵某和叶某的犯罪行为，侵犯了我国政府对醋酸酐、乙醚、三氯甲烷或者其他用于制造毒品的原料或者配剂的管制。我国政府对制毒化学物品实行由国家统一归口管理制度。我国1989年加入的《联合国禁止非法贩运麻醉药品和精神药物公约》中第三条第一款规定，明知其用途或目的是非法种植、生产或制造麻醉药品或精神物品而制造、运输或分销设备、材料或相关化学品，各缔约国应采取可能必要的措施将其故意行为确定为国内法中的刑事犯罪。所以，对非法买卖制毒物品的行为，必须予以严厉打击和取缔。

延伸阅读

## 易制毒化学品犯罪趋势

（1）易制毒化学品流入国内，导致地下毒品加工厂问题日趋严峻。当前，国内毒品地下加工厂主要是新型毒品冰毒、摇头丸加工窝点，流入地下毒品加工厂的化学品主要是苯基丙酮、麻黄素、丙酮、甲苯、盐酸、硫酸等。

（2）流入“金三角”地区的易制毒化学品数量仍居走私之首。贩毒分子从我国边境地区将大量醋酸酐、三氯甲烷、乙醚、盐酸等制造海洛因的易制毒化学品走私出境。“金三角”等知名毒区的冰毒加工厂不断增加，制造冰毒所需易制毒化学品的走私问题也越来越突出。

（3）胡椒基甲基酮、苯基丙酮从境内走私到荷兰、比利时等欧洲国家的案件时有发生。境内外不法分子近年来相互勾结，不断地将国内生产的胡椒基甲基酮和苯基丙酮走私出口到欧洲国家。

（4）用于制造冰毒的易制毒化学品走私到东南亚地区成为新的趋势。随着我国不断强化针对冰毒犯罪的打击力度，贩毒分子开始将地下毒品加工厂转移到东南亚等国，通过走私的方式将易制毒化学品运输到东南亚部分国家境内。

# 第8课　一朝染毒，终身戒毒

## 秒懂图解

常见的戒断症状

### 1. 阿片类戒断症状

瘾君子症状于停止吸毒后五小时左右出现，表现为强烈渴求阿片类毒品，流涕流泪、肌肉抽筋或者疼痛难耐、肠胃痉挛、恶心、呕吐、腹泻、瞳孔扩大、反复寒战、睡眠惊醒等。

### 2. 苯二氮卓类戒断症状

瘾君子症状出现于停止吸毒后三天左右，表现为内心焦虑、震颤、恶心或呕吐、心慌、头痛、虚弱、失眠，严重者还会癫痫发作。戒断症状最长能够持续十五天左右。

### 3. 中枢兴奋剂戒断症状

中枢兴奋剂，如苯丙胺类毒品，在停用时，瘾君子会出现内心焦虑、抑郁、精神运动性迟滞或激越、胃肠道痉挛等症状，严重者还会出现自杀的情况。

## 禁毒课堂

### 1. 拒绝公安机关吸毒检测的，怎么办？

公安机关可以对涉嫌吸毒的人员进行必要的检测，被检测人员应当予以配合；对拒绝接受检测的，经县级以上人民政府公安机关或者其派出机构负责人批准，可以强制检测。公安机关应当对吸毒人员进行登记。

### 2. 吸毒成瘾人员在什么地方接受社区戒毒？期限是多久？

对吸毒成瘾人员，公安机关可以责令其接受社区戒毒，同时通知吸毒人员户籍所在地或者现居住地的城市街道办事处、乡镇人民政府。社区戒毒的期限为三年。戒毒人员应当在户籍所在地接受社区戒毒；在户籍所在地以外的现居住地有固定住所的，可以在现居住地接受社区戒毒。

## 3. 社区戒毒工作由谁负责?

城市街道办事处、乡镇人民政府负责社区戒毒工作。城市街道办事处、乡镇人民政府可以指定有关基层组织，根据戒毒人员本人和家庭情况，与戒毒人员签订社区戒毒协议，落实有针对性的社区戒毒措施。公安机关和司法行政、卫生行政、民政等部门应当对社区戒毒工作提供指导和协助。城市街道办事处、乡镇人民政府，以及县级人民政府劳动行政部门对无职业且缺乏就业能力的戒毒人员，应当提供必要的职业技能培训、就业指导和就业援助。

## 4. 违反社区戒毒协议的，该怎么办?

接受社区戒毒的戒毒人员应当遵守法律、法规，自觉履行社区戒毒协议，并根据公安机关的要求，定期接受检测。对违反社区戒毒协议的戒毒人员，参与社区戒毒的工作人员应当进行批评、教育；对严重违反社区戒毒协议或者在社区戒毒期间又吸食、注射毒品的，应当及时向公安机关报告。

## 5. 吸毒人员在什么情况下，可以被强制戒毒?

吸毒成瘾人员有下列情形之一的，由县级以上人民政府公安机关作出强制隔离戒毒的决定：（1）拒绝接受社区戒毒的；

（2）在社区戒毒期间吸食、注射毒品的；（3）严重违反社区戒毒协议的；（4）经社区戒毒、强制隔离戒毒后再次吸食、注射毒品的。对于吸毒成瘾严重，通过社区戒毒难以戒除毒瘾的人员，公安机关可以直接作出强制隔离戒毒的决定。吸毒成瘾人员自愿接受强制隔离戒毒的，经公安机关同意，可以进入强制隔离戒毒场所戒毒。

## 6. 怀孕妇女可以强制戒毒吗？

怀孕或者正在哺乳自己不满一周岁婴儿的妇女吸毒成瘾的，不适用强制隔离戒毒。对依照上述规定不适用强制隔离戒毒的吸毒成瘾人员，应当进行社区戒毒，由负责社区戒毒工作的城市街道办事处、乡镇人民政府加强帮助、教育和监督，督促落实社区戒毒措施。

## 7. 被强制隔离戒毒人员有什么法律救济途径？

公安机关对吸毒成瘾人员决定予以强制隔离戒毒的，应当制作强制隔离戒毒决定书，在执行强制隔离戒毒前送达被决定人，并在送达后24小时以内通知被决定人的家属、所在单位和户籍所在地公安派出所；被决定人不讲真实姓名、住址，身份不明的，公安机关应当自查清其身份后通知。被决定人对公安机关作出的强制隔离戒毒决定不服的，可以依法申请行政复议或者提起行政诉讼。

## 8. 对吸毒人员的强制隔离戒毒管理是怎样进行的?

对被决定予以强制隔离戒毒的人员，由作出决定的公安机关送强制隔离戒毒场所执行。强制隔离戒毒场所的设置、管理体制和经费保障，由国务院规定。戒毒人员进入强制隔离戒毒场所戒毒时，应当接受对其身体和所携带物品的检查。强制隔离戒毒场所应当根据戒毒人员吸食、注射毒品的种类及成瘾程度等，对戒毒人员进行有针对性的生理、心理治疗和身体康复训练。根据戒毒的需要，强制隔离戒毒场所可以组织戒毒人员参加必要的生产劳动，对戒毒人员进行职业技能培训。组织戒毒人员参加生产劳动的，应当支付劳动报酬。强制隔离戒毒场所应当根据戒毒人员的性别、年龄、患病等情况，对戒毒人员实行分别管理。强制隔离戒毒场所对有严重残疾或者疾病的戒毒人员，应当给予必要的看护和治疗；对患有传染病的戒毒人员，应当依法采取必要的隔离、治疗措施；对可能发生自伤、自残等情形的戒毒人员，可以采取相应的保护性约束措施。强制隔离戒毒场所管理人员不得体罚、虐待或者侮辱戒毒人员。

## 9. 强制隔离戒毒的期限是多久?

强制隔离戒毒的期限为 2 年。执行强制隔离戒毒 1 年后，经诊断评估，对于戒毒情况良好的戒毒人员，强制隔离戒毒场所可以提出提前解除强制隔离戒毒的意见，报强制隔离戒毒的决定机关批准。强制隔离戒毒期满前，经诊断评估，对于需要延长戒毒期限的戒毒人员，由强制隔离戒毒场所提出延长戒毒期限的意见，报强制隔离戒毒的决定机关批准。强制隔离戒毒的期限最长可以延长1年。

对于被解除强制隔离戒毒的人员，强制隔离戒毒的决定机关可以责令其接受不超过3年的社区康复。

## 10. 戒毒医疗机构负有什么义务?

戒毒医疗机构应当履行下列义务:（1）对自愿戒毒人员开展艾滋病等传染病的预防、咨询教育;（2）对自愿戒毒人员采取脱毒治疗、心理康复、行为矫治等多种治疗措施，并应当符合国务院卫生行政部门制定的戒毒治疗规范;（3）采用科学、规范的诊疗技术和方法，使用的药物、医院制剂、医疗器械应当符合国家有关规定;（4）依法加强药品管理，防止麻醉药品、精神药品流失滥用。

## 11. 社区戒毒工作小组如何管理和帮助社区戒毒人员?

（1）戒毒知识辅导;

（2）教育、劝诫;

（3）职业技能培训，职业指导，就学、就业、就医援助;

（4）帮助戒毒人员戒除毒瘾的其他措施。

## 12. 社区戒毒人员应当遵守何种规定?

（1）履行社区戒毒协议;

（2）根据公安机关的要求，定期接受检测;

（3）离开社区戒毒执行地所在县（市、区）3 日以上的，须书面报告。

## 13. 负责社区戒毒、社区康复工作的人员有何种行为，可给予处分?

（1）未与社区戒毒、社区康复人员签订社区戒毒、社区康复协议，不落实社区戒毒、社区康复措施的;

（2）社区戒毒人员拒绝接受社区戒毒，在社区戒毒期间又吸食、注射毒品，以及严重违反社区戒毒协议，社区戒毒专职工作人员对此不履行及时向当地公安机关报告的义务;

（3）其他不履行社区戒毒、社区康复监督职责的行为。

## 14. 强制隔离戒毒场所的工作人员有何种违法行为，可以依法给予处分?

强制隔离戒毒场所的工作人员有下列行为之一的，依法给予处分；构成犯罪的，依法追究刑事责任：（1）侮辱、虐待、体罚强制隔离戒毒人员的；（2）收受、索要财物的；（3）擅自使用、损毁、处理没收或者代为保管的财物的；（4）为强制隔离戒毒人员提供麻醉药品、精神药品或者违反规定传递其他物品的；（5）在强制隔离戒毒诊断评估工作中弄虚作假的；（6）私放强制隔离戒毒人员的；（7）其他徇私舞弊、玩忽职守、不履行法定职责的行为。

## 15. 对解除强制隔离戒毒的戒毒人员，如何进行管理和帮助？

对解除强制隔离戒毒的人员，强制隔离戒毒的决定机关可以责令其接受不超过 3 年的社区康复。社区康复在当事人户籍所在地或者现居住地乡（镇）人民政府、城市街道办事处执行，经当事人同意，也可以在戒毒康复场所中执行。

被责令接受社区康复的人员，应当自收到责令社区康复决定书之日起 15 日内到户籍所在地或者现居住地乡（镇）人民政府、城市街道办事处报到，签订社区康复协议。被责令接受社区康复的人员拒绝接受社区康复或者严重违反社区康复协议，并再次吸食、注射毒品被决定强制隔离戒毒的，强制隔离戒毒不得提前解除。

负责社区康复工作的人员应当为社区康复人员提供必要的心理治疗和辅导、职业技能培训、职业指导以及就学、就业、就医援助。

社区康复自期满之日起解除。社区康复执行地公安机关出具解除社区康复通知书送达社区康复人员本人及其家属，并在 7 日内通知社区康复执行地乡（镇）人民政府、城市街道办事处。

自愿戒毒人员、社区戒毒、社区康复的人员可以自愿与戒毒康复场所签订协议，到戒毒康复场所戒毒康复、生活和劳动。戒毒康复场所应当配备必要的管理人员和医务人员，为戒毒人员提供戒毒康复、职业技能培训和生产劳动条件。

戒毒康复场所应当加强管理，严禁毒品流入，并建立戒毒康复人员自我管理、自我教育、自我服务的机制。戒毒康复场所组织戒毒人员参加生产劳动，应当参照国家劳动用工制度的规定支付劳动报酬。

## 16. 如何保障自愿戒毒人员权益？

国家鼓励吸毒成瘾人员自行戒除毒瘾。吸毒人员可以自行到戒毒医疗机构接受戒毒治疗。对自愿接受戒毒治疗的吸毒人员，公安机关对其原吸毒行为不予处罚。

戒毒医疗机构应当与自愿戒毒人员或者其监护人签订自愿戒毒协议，就戒毒方法、戒毒期限、戒毒的个人信息保密、戒毒人员应当遵守的规章制度、终止戒毒治疗的情形等作出约定，并应当载明戒毒疗效、戒毒治疗风险。

戒毒人员在入学、就业、享受社会保障等方面不受歧视。对戒毒人员戒毒的个人信息应当依法予以保密。对戒断 3 年未复吸的人员，不再实行动态管控。

## 17. 我国政府如何建立禁毒工作体制？

县级以上人民政府应当建立政府统一领导，禁毒委员会组织、协调、指导，有关部门各负其责，社会力量广泛参与的戒毒工作体制。戒毒工作坚持以人为本、科学戒毒、综合矫治、关怀救助的原则，采取自愿戒毒、社区戒毒、强制隔离戒毒、社区康复等多种措施，建立戒毒治疗、康复指导、救助服务兼备的工作体系。

县级以上人民政府应当按照国家有关规定将戒毒工作所需经费列入本级财政预算。县级以上地方人民政府设立的禁毒委员会可以组织公安机关、卫生行政和药品监督管理部门开展吸毒监测、调查，并向社会公开监测、调查结果。县级以上地方人民政府公安机关负责对涉嫌吸毒人员进行检测，对吸毒人员进行登记并依法实行动态管控，依法责令社区戒毒、决定强制隔离戒毒、责令社区康复，管理公安机关的强制隔离戒毒场所、戒毒康复场所，对社区戒毒、社区康复工作提供指导和支持。设区的市级以上地方人民政府司法行政部门负责管理司法行政部门的强制隔离戒毒场所、戒毒康复场所，对社区戒毒、社区康复工作提供指导和支持。县级以上地方人民政府卫生行政部门负责戒毒医疗机构的监督管理，会同公安机关、司法行政等部门制定戒毒医疗机构设置规划，对戒毒医疗服务提供指导和支持。县级以上地方人民政府民政、人力资源社会保障、教育等部门依据各自的职责，对社区戒毒、社区康复工作提供康复和职业技能培训等指导和支持。

乡（镇）人民政府、城市街道办事处负责社区戒毒、社区康复工作。县级、设区的市级人民政府需要设置强制隔离戒毒场所、戒毒康复场所的，应当合理布局，报省、自治区、直辖市人民政府批准，并纳入当地国民经济和社会发展规划。强制隔离戒毒场所、戒毒康复场所的建设标准，由国务院建设部门、发展改革部门会同国务院公安部门、司法行政部门制定。

## 18. 什么是社区戒毒 8·31 工程？

2015 年 8 月，国家禁毒委在全国范围内启动“全面加强社区戒毒社区康复工作的 8·31 工程”。同年 12 月，国家禁毒办、中央综治办、公安部、民政部、司法部、财政部、人社部、国家卫计委、共青团中央、全国妇联等十一个部门联合印发《全国社区戒毒社区康复工作规划（2016—2020 年）》，这份规划是 8·31 工程的纲领性文件，力争通过 5 年的戒毒和康复工作，实现社区戒毒、社区康复工作机制的全面形成。

## 19. 什么是吸毒成瘾？成瘾后如何认定？

吸毒成瘾是指吸毒人员因反复使用毒品而导致的慢性复发性脑病，表现为不顾不良后果、强迫性寻求及使用毒品的行为，常伴有不同程度的个人健康及社会功能损害。

吸毒成瘾认定，是指公安机关或者其委托的戒毒医疗机构通过对吸毒人员进行人体生物样本检测、收集其吸毒证据或者根据生理、心理、精神的症状、体征等情况，判断其是否成瘾以及是否成瘾严重的工作。

公安机关在执法活动中发现吸毒人员，应当进行吸毒成瘾认定；因技术原因认定有困难的，可以委托有资质的戒毒医疗机构进行认定。承担吸毒成瘾认定工作的戒毒医疗机构，由省级卫生计生行政部门会同同级公安机关指定。公安机关认定吸毒成瘾，应当由两名以上人民警察进行，并在作出人体生物样本检测结论的 24 小时内提出认定意见，由认定人员签名，经所在单位负责人审核，加盖所在单位印章。有关证据材料，应当作为认定意见的组成部分。

## 20. 瘾君子符合什么条件，应认定为吸毒成瘾？

吸毒人员同时具备以下情形的，公安机关认定其吸毒成瘾：（1）经血液、尿液和唾液等人体生物样本检测证明其体内含有毒品成分；（2）有证据证明其有使用毒品行为；（3）有戒断症状或者有证据证明吸毒史，包括曾经因使用毒品被公安机关查处、曾经进行自愿戒毒、人体毛发样品检测出毒品成分等情形。

戒断症状的具体情形，参照卫生部制定的《阿片类药物依赖诊断治疗指导原则》、《苯丙胺类药物依赖诊断治疗指导原则》和《氯胺酮依赖诊断治疗指导原则》确定。

## 21. 瘾君子符合什么条件，应当认定为吸毒成瘾严重？

吸毒成瘾人员具有下列情形之一的，公安机关认定其吸毒成瘾严重：（1）曾经被责令社区戒毒、强制隔离戒毒（含《禁毒法》实施以前被强制戒毒或者劳教戒毒）、社区康复或者参加过戒毒药物维持治疗，再次吸食、注射毒品的；（2）有证据证明其采取注射方式使用毒品或者至少三次使用累计涉及两类以上毒品的；（3）有证据证明其使用毒品后伴有聚众淫乱、自伤自残或者暴力侵犯他人人身、财产安全或者妨害公共安全等行为的。

## 22. 从事吸毒成瘾认定工作的人民警察和医师应当具备什么条件？

公安机关承担吸毒成瘾认定工作的人民警察，应当同时具备以下条件：（1）具有二级警员以上警衔及两年以上相关执法工作经历；（2）经省级公安机关、卫生计生行政部门组织培训并考核合格。

承担吸毒成瘾认定工作的医师，应当同时具备以下条件：（1）符合《戒毒医疗服务管理暂行办法》的有关规定；（2）从事戒毒医疗工作不少于 3 年；（3）具有中级以上专业技术职务任职资格。

## 23. 吸毒成瘾认定工作的具体流程是怎样的？

（1）戒毒医疗机构对吸毒人员采集病史和体格检查时，委托认定的公安机关应当派有关人员在场协助。戒毒医疗机构认为需要对吸毒人员进行人体生物样本检测的，委托认定的公安机关应当协助提供现场采集的检测样本。戒毒医疗机构认为需要重新采集其他人体生物检测样本的，委托认定的公安机关应当予以协助。

（2）戒毒医疗机构使用的检测试剂，应当是经国家食品药品监督管理局批准的产品，并避免与常见药物发生交叉反应。戒毒医疗机构及其医务人员应当依照诊疗规范、常规和有关规定，结合吸毒人员的病史、精神症状检查、体格检查和人体生物样本检测结果等，对吸毒人员进行吸毒成瘾认定。

（3）戒毒医疗机构应当自接受委托认定之日起 3 个工作日内出具吸毒成瘾认定报告，由认定人员签名并加盖戒毒医疗机构公章。认定报告一式二份，一份交委托认定的公安机关，一份留存备查。

（4）委托戒毒医疗机构进行吸毒成瘾认定的费用由委托单位承担。

## 24. 什么是戒毒医疗服务和戒毒医疗服务机构？

戒毒医疗服务是指经省级人民政府卫生行政部门批准从事戒毒医疗服务的医疗机构，对吸毒人员采取相应的医疗、护理、康复等医学措施，帮助其减轻毒品依赖、促进身心康复的活动。

戒毒医疗机构，是指经省级人民政府卫生行政部门批准从事戒毒医疗服务的戒毒医院或设有戒毒治疗科的其他医疗机构。

## 25. 戒毒医院医疗用房应当符合什么条件？

（1）每床建筑面积不少于 40 平方米；

（2）病房每床净使用面积不少于 6 平方米；

（3）戒毒人员室外活动场地平均每床不少于 3 平方米；

（4）通风、采光、安全等符合戒毒医院管理和卫生要求。

## 26. 戒毒医院医疗设备应当符合什么条件?

（1）基本设备：供氧装备、人工呼吸急救复苏球、心电监护仪、脑电图仪、B 超、艾滋病筛查检测设备、电动吸引器、心电图机、高压蒸汽灭菌设备及其他必要消毒设施、器械柜、X 光机及暗室成套设备、检验科需要的配套设备、必备的抢救药品和设备、麻醉药品和第一类精神药品的药库和保险柜、计算机等，并配有戒毒人员专用的卫生洗浴设施。有条件的可以安装监控、报警设施。

（2）病房每床单元设备与二级综合医院相同。

（3）具有与开展的诊疗活动相应的其他设备设施。

## 27. 戒毒医院的人员，应当如何组成?

（1）每床至少配备 0.88 名卫生技术人员。

（2）至少有 4 名医师（至少有 50% 的医师其执业范围为精神卫生专业），8 名护士和相应的临床药学、医技、心理卫生等专业技术人员。医师、护士、药学专业技术人员应当符合《戒毒医疗服务管理暂行办法》的有关规定。

（3）戒毒治疗临床科室的业务负责人应具有高级卫生专业技术职务任职资格或从事精神卫生、戒毒医疗临床工作 5 年以上。

（4）封闭式管理的戒毒医院至少应当配备4名具备合法上岗资质的保安人员。

## 28. 从事戒毒医疗服务的护士，应当符合什么条件？

（1）具有护士执业资格并经执业注册取得《护士执业证书》；

（2）经过省级以上卫生行政部门指定的机构脱产培训3个月以上并考核合格；

（3）省级卫生行政部门规定的其他条件。

## 29. 瘾君子的什么行为，可以导致医疗机构对其终止戒毒治疗？

戒毒人员在接受戒毒治疗期间有下列情形之一的，医疗机构可以对其终止戒毒治疗：（1）不遵守医疗机构的管理制度，严重影响医疗机构正常工作和诊疗秩序的；（2）无正当理由不接受规范治疗或者不服从医务人员合理的戒毒治疗安排的；（3）发现存在严重并发症或者其他疾病不适宜继续接受戒毒治疗的；（4）省级卫生行政部门规定的其他不适宜继续接受戒毒治疗的情形。

## 30. 吸毒人员要做哪些身体检查？

（1）三大常规

包括血、尿类常规，尤其是对血常规的检测，对发现静脉吸毒者的感染有很大的临床价值。

（2）肝功能检查

长期吸毒，对肝脏的损伤极大，长期吸毒者，他们的肝脏都是呈病态的。戒毒药物一般也是通过肝脏进行代谢，所以肝脏的好坏，对戒毒药物治疗程度有着直接的关系。

（3）心电图检查

吸食海洛因后，对心脏部位的损伤尤其严重，如导致心肌缺血或者心肌损伤的病例尤其多。因此对吸毒者进行心电图检测非常有必要。

（4）胸部检查

对于利用“烫吸”方式吸毒的瘾君子来说，他们患呼吸道疾病的概率非常高。长期吸毒，导致抵抗力下降，患肺结核疾病亦很常见，通过肺部 X 光检查，可以及时发现病症，及时治疗。

（5）性病检查

梅毒血清学检查，对阿片类毒品成瘾者中的性病患者检查非常重要。

（6）艾滋病检查

静脉注射吸毒是目前艾滋病病毒传播的主要途径之一，对这些吸毒者进行艾滋病检查，对预防艾滋病病毒传播有着极为重要的意义。

（7）丙肝检测

在长期吸食海洛因的瘾君子中，丙型肝炎的感染率非常高。通过丙肝检测，可以使吸毒者得到及时治疗。

（8）肾脏检查

吸毒伤肾，瘾君子患上肾炎的概率也越来越大。所以肾功能检查也能帮助吸毒者得到及时治疗。

（9）其他检查

主要包括细菌学、血液流变学、B 超影像、免疫学等身体检查。

## 31. 常见的戒毒机构包括什么类型？

可以提供戒毒治疗的机构主要包括以下几种：

（1）美沙酮维持治疗门诊；

（2）精神疾病专科医院；

（3）综合性医院的精神科或者药物依赖科；

（4）自愿戒毒医院；

（5）强制戒毒所；

（6）戒毒心理康复机构。

## 32. 滥用阿片类药物后的临床表现是什么？

（1）戒断症状。滥用阿片类药物的种类、剂量、时间、途径、停药速度不同，戒断症状的严重程度也不一致。短效药物如吗啡、海洛因一般在停药后 8 ~ 12 小时开始出现戒断症状，48 ~ 72 小时达到高峰，持续 7 ~ 10 天。长效药物如美沙酮一般在停药后 1 ~ 3 天出现戒断症状，可持续 2 周左右。典型的戒断症状分为两大类：①客观体征。如血压升高、脉搏加快、体温升高、立毛肌收缩、瞳孔扩大、流涕、震颤、腹泻、呕吐、失眠等。②主观症状。如肌肉骨骼疼痛、腹痛、食欲差、无力、疲乏、不安、喷嚏、发冷、发热、渴求药物等。

（2）急性中毒症状。在大剂量滥用阿片类药物后，出现精神运动性抑制，言语不清、昏睡甚至昏迷；体征有针尖样瞳孔（深昏迷时也可能由于缺氧瞳孔扩大）、呼吸抑制、肺水肿、心率减慢、心律失常等。

（3）其他症状。可出现精神障碍如人格障碍、情绪障碍和精神病性症状等。存在不同程度的社会功能损害，表现为工作学习困难、逃学、不负责任和不履行家庭责任等。

## 33. 阿片类药物依赖者的诊断标准是什么?

（1）对阿片类药物有强烈的渴求及强迫性觅药行为。

（2）对阿片类药物滥用行为的开始、结束及剂量难以控制。

（3）减少或停止滥用阿片类药物时出现生理戒断症状。

（4）耐受性增加，必须使用较高剂量药物才能获得原来较低剂量的感受。

（5）因滥用阿片类药物而逐渐丧失原有的兴趣爱好，并影响到家庭和社会关系。

（6）不顾身体损害及社会危害，固执地滥用阿片类药物。

在以往 12 个月内发生或存在 3 项以上即可诊断为阿片类药

物依赖。

除参照以上诊断标准外，诊断时还应注意以下几点：

（1）末次使用阿片类药物 72 小时内的尿毒品检测结果。

（2）病史、滥用药物史及有无与之相关的躯体并发症如病毒性肝炎、结核等，还应注意有无精神障碍、人格障碍等心理社会功能的损害。

（3）患者的一般情况、生命体征、意识状况、注射痕迹、皮肤瘢痕和感染等。

（4）性病、艾滋病和病毒性肝炎等传染病的检测结果。

## 34. 阿片类药物依赖脱毒治疗包括哪些方式？

（1）替代治疗

替代治疗是利用与阿片类药物有相似药理作用的其他药物替代原使用药物，在一定的时间内逐渐减少并停止使用替代药物，以减轻戒断症状的严重程度。

（2）非替代治疗

非替代治疗指应用中枢 $\alpha_2$ 受体激动剂来减轻阿片类药物依赖的戒断症状。该类药物以可乐宁和洛非西定为代表，其控制戒断症状的作用比美沙酮和盐酸丁丙诺啡弱。洛非西定不良反应较可乐宁轻。

（3）中药脱毒治疗

目前经国家食品药品监督管理局批准的戒毒中药近 10 种，适用于轻、中度阿片类药物依赖的吸毒人员，对重度依赖的吸毒人员单纯使用中药疗效尚不够理想，需要与其他药物联合使用。

（4）其他脱毒治疗

如针灸、电针等，疗效需进一步验证。

## 35. 美沙酮替代治疗过程包括什么？

（1）适应证

美沙酮替代治疗适用于阿片类药物的脱毒治疗。由于美沙酮本身也能产生依赖性，因此应在严格管理的戒毒医疗机构中进行。

（2）治疗原则

美沙酮替代治疗的原则是：逐日递减、先快后慢、只减不加、停药坚决。在用药中和停药后对症处理各种症状。

（3）用法与剂量

美沙酮替代治疗首次剂量一般为 20 ~ 40 毫克 / 日口服，原则上不超过 60 毫克 / 日口服。首次给药后，戒断症状控制不理想者可酌情追加美沙酮 5 ~ 10 毫克口服。如发现美沙酮剂量过大，应再次确认吸毒人员药物依赖的程度及近期药物滥用的剂量并于第 2 日减药，减幅为首日剂量的 30% ~ 50%。递减程序根据个体情况制订，多数可在 10 ~ 20 日内停药。如每日递减前 1 日药量的 20%，减至 5 ~ 10 毫克 / 日时可改为每 1 ~ 3 日减 1 毫克。

（4）不良反应及处理

在使用较大剂量时可出现相应的不良反应，常见如口干、恶心、呕吐、头昏、头痛、困倦、乏力等，个别出现直立性晕厥。如不良反应严重，可减少美沙酮的用量并密切观察。

（5）过量中毒及处理

过量中毒常发生在治疗前3天。主要表现为冷汗、严重头昏、坐卧不安、针尖样瞳孔、无力、嗜睡、血压下降，呼吸、心率减慢甚至昏迷，严重时可出现呼吸困难、紫绀等。一旦发现过量中毒应立即停用美沙酮，密切观察吸毒人员的意识、瞳孔和呼吸状况。若出现阿片类中毒三联征（呼吸抑制、昏迷和针尖样瞳孔）应立即抢救。抢救措施包括：①维持呼吸道通畅，吸氧，静脉输液维持水、电解质平衡及一般支持疗法；②首次快速给予阿片受体拮抗剂纳洛酮0.4毫克静脉注射，必要时2～5分钟内重复使用2～3次。

（6）注意事项

呼吸功能不全者和产妇分娩前后禁用；妊娠妇女、老年人、肝肾功能不全者慎用。

## 36. 盐酸丁丙诺啡舌下含片替代治疗过程包括什么?

（1）适应证

同美沙酮。

（2）用法与剂量

根据吸毒人员戒断症状及药物引发不良反应的严重程度随时调整剂量。最初1～3日剂量应充分，轻度依赖为1～1.5毫克/次舌下含服，每8小时用一次；中度依赖为2～2.5毫克/次舌下含服，每 8 小时用一次；重度依赖为 3～6 毫克 / 次舌下含服，每 8 小时用一次。首次用药 2 小时后根据戒断症状的控制情况决定是否追加剂量，追加剂量为上次使用剂量的 30%～50%。经最初 1～3 日充分用量后可酌情减量，每日减前 1 日剂量的 20%～30%。治疗周期为 10～14 天。药物须舌下含服不少于 5 分钟，含服期间不可吞咽以保证药物被口腔黏膜充分吸收。掌握适当给药时机是治疗的关键，一般应在末次滥用阿片类药物出现早期戒断症状时开始治疗。

（3）不良反应

常见嗜睡、恶心、呕吐、出汗和眩晕，可见口干、便秘、瞳孔缩小、心率减慢和低血压等。呼吸抑制约在给药 3 小时后发生，持续时间长，程度较吗啡所致呼吸抑制轻，不随用药剂量增加而加重。盐酸丁丙诺啡过量使用所致中毒较少发生。

（4）注意事项

呼吸系统疾病、严重肝病者、孕妇及哺乳期妇女不宜使用。酒精和中枢神经系统抑制剂会加强盐酸丁丙诺啡的呼吸抑制作用。用药期间切忌再度滥用阿片类药物，否则可引发或加重戒断症状。用药期间慎用镇静催眠药，严禁酗酒。

## 37. 替代治疗的护理与观察，应当注意什么？

（1）根据吸毒人员的病情定时巡视。

（2）严密观察治疗药物的起效过程与不良反应，及时处理。

（3）治疗期间应严格病房管理，防止吸毒人员再次滥用阿片类药物。

（4）治疗期间应鼓励吸毒人员进食，不应过早安排体育锻炼以减少体力消耗。

## 38. 非替代治疗过程包括什么？

（1）适应证

用于轻中度阿片类药物依赖的吸毒人员，也可在替代治疗结束后使用，以利于控制稽延性戒断症状。

（2）用法与剂量

根据吸毒人员年龄、体重、健康状况、药物滥用史、戒断症状的程度调整可乐宁和洛非西定的用法与剂量。

（3）不良反应

常见口干、倦怠、眩晕、便秘和体位性低血压。过量症状包括体位性低血压、眩晕或晕厥、心率下降。长期使用后突然停药可出现反跳性血压升高、头痛、恶心、唾液增多、手指颤动等症状，故药物使用时间不应超过 2 周。

（4）注意事项

低血压、脑血管病后遗症、冠状动脉供血不足、近期心肌梗死、慢性肾功能不全、窦房结功能低下和抑郁症者慎用。血压等于或低于 90/50 毫米汞柱或心率低于 60 次 / 分以及对此类药物过敏者禁用。

因本品有中枢抑制作用，服药期间不宜驾车或操纵机器以免发生意外。

（5）非替代治疗的护理与观察

应注意观察血压偏低及对药物敏感的吸毒人员，治疗期间每日测量血压。治疗前 4 日宜卧床，缓慢改变体位，如出现体位性低血压应使吸毒人员平卧，置头低足高位。如连续发生体位性低血压或血压持续等于或低于 90/50 毫米汞柱，应适当减药，可减当日剂量的 1/4，必要时停药。鼓励吸毒人员进食，保证营养摄入量。

## 39. 什么是纳曲酮防复吸治疗？

纳曲酮是世界禁毒领域公认的阿片受体拮抗剂，它对阿片受体的亲和力是毒品海洛因的 30 倍。它占领海洛因原来占领的“位置”（受体）后，再进入人体的海洛因根本产生不了任何作用。此时，如果吸毒者再次吸食海洛因等阿片类毒品，因为会产生拮抗效果，不仅不能产生欣快感，而且身体会产生打哈欠、流涕、发冷、疼痛等戒断症状，由此而达到拒绝毒品，防止毒品复吸的目的。

## 40. 纳曲酮防复吸治疗过程包括什么？

（1）适应证

适用于已解除阿片类药物依赖的康复期辅助治疗，以防止或减少复吸。用药前应做好以下准备：①阿片类药物依赖者应停止使用阿片类药物 7 ~ 10 天以上，如使用美沙酮则停药时间应延长至 2 周以上。②尿吗啡检测结果阴性。③服药前纳洛酮激发试验阴性。④肝功能检查基本正常。

（2）用法与剂量

小剂量开始治疗，一般为 10 ~ 20 毫克 / 日口服，3 ~ 5 天达到维持剂量 50 毫克 / 日口服。服药时间一般为 3 ~ 6 个月。

（3）不良反应

少数吸毒人员服药后出现恶心、呕吐、胃肠不适、食欲不振、口渴和头晕等症状，也可出现睡眠困难、焦虑、易激动、关节肌肉痛和头痛等。纳曲酮不良反应的症状与脱毒后稽延性戒断症状相似，应加以鉴别。

（4）注意事项

①纳曲酮具有肝脏毒性，可引起转氨酶一过性升高，使用前和使用中需检查肝功能，肝功能不全者慎用。如治疗期间出现肝功能异常，应停止使用。

②未经过脱毒治疗的吸毒人员服用纳曲酮会引起严重的戒断综合征。

③纳曲酮治疗期间要进行尿吗啡检测，了解吸毒人员治疗依从性。告诫吸毒人员服用纳曲酮期间若滥用阿片类药物，小剂量不会产生欣快感，大剂量则会出现严重中毒症状，甚至昏迷、死亡。

④纳曲酮治疗期间如需使用镇痛药，应避免使用阿片类镇痛药，以防止降低药效或产生戒断症状。

## 41. 阿片类药物依赖者心理行为治疗包括什么？

心理行为治疗主要针对患者的心理依赖及其他心理行为问题，主要目的是预防复吸。心理行为治疗是阿片类药物依赖治疗的重要内容。

（1）动机强化治疗：帮助吸毒人员认识自己的问题，制订治疗计划并帮助吸毒人员坚持治疗，有助于提高戒毒治疗的成功率。

（2）认知治疗：改变吸毒人员的不良认知方式，帮助吸毒人员正确应对急、慢性药物渴求，强化吸毒人员的不吸毒行为，预防复吸。

（3）预防复吸治疗：帮助吸毒人员提高自我效能与应对复吸高危情景的能力，识别诱发药物渴求、复吸的心理及环境因素，找出有效应对的方法，降低复吸率。

（4）行为治疗：通过各种行为治疗技术强化不吸毒行为及其他健康行为，降低复吸的可能性。

（5）集体治疗：通过交流发现吸毒人员间的共同问题，增进吸毒人员间的交流和理解，制订出切实可行的治疗方案。也可使吸毒人员在治疗期间相互监督、相互支持，增进其与医师间的接触，有助于预防复吸、促进康复。

（6）家庭治疗：通过改善吸毒人员的人际关系，特别是与其家庭成员间的关系，促进家庭成员间的感情交流，提高治疗支持程度。

## 42. 苯丙胺类药物滥用常见的临床表现是什么？

（1）戒断症状

苯丙胺类药物依赖的躯体戒断症状、体征通常不明显，长期、大量滥用苯丙胺类药物后，停止使用数小时至数周可出现用药渴求、焦虑、抑郁、疲乏、失眠或睡眠增多、精神运动性迟滞、激越行为等症状。

（2）急性中毒

大量滥用苯丙胺类药物可引起血压升高、脉搏加快或减慢、头痛、恶心、呕吐、出汗、口渴、发热、瞳孔扩大、睡眠障碍等，部分滥用者可出现咬牙、共济失调。严重者出现心律失常、惊厥、循环衰竭、出血或凝血功能障碍、昏迷甚至死亡。

（3）慢性中毒

长期大量滥用苯丙胺类药物可出现体重下降、磨牙动作、口腔黏膜损伤和溃疡、较多躯体不适主诉、肌腱反射亢进、运动困难和步态不稳等，伴有注意力和记忆力等认知功能障碍。

（4）精神障碍

可在长期滥用药物后逐渐出现，也可在一次滥用后发生，其症状表现与偏执型精神分裂症相似，应注意鉴别。表现为错觉及幻觉、敏感、多疑、偏执、被害妄想、自伤和伤人等，个别患者出现躁狂样表现。

## 43. 苯丙胺类药物依赖的诊断标准是什么?

（1）具有非医疗目的滥用苯丙胺类药物的强烈意愿。

（2）对苯丙胺类药物滥用行为的开始、结束及剂量难以控制。

（3）滥用苯丙胺类药物的目的是减轻或消除戒断症状。

（4）减少或停止滥用苯丙胺类药物后出现戒断症状。

（5）滥用苯丙胺类药物的过程中耐受性逐步增加。

（6）不顾社会约束，选择滥用方式的（时间、地点、场合等）自控力下降。

（7）由于滥用苯丙胺类药物逐步丧失原有的兴趣爱好，并影响到家庭、社会关系。

（8）知道滥用苯丙胺类药物的危害仍坚持滥用。

（9）减少或停止滥用苯丙胺类药物后出现戒断症状，重新滥用时剂量较前增加。

在以往 12 个月内发生或存在 3 项以上即可诊断为苯丙胺类药物依赖。

除参照以上诊断标准外，诊断时还应注意以下几点：

（1）末次使用苯丙胺类药物 48 小时内的尿毒品检测结果。

（2）病史、滥用药物史及有无与之相关的躯体并发症，如病毒性肝炎、结核等，还应注意有无精神障碍、人格障碍等心理社会功能的障碍。

（3）患者的一般情况、生命体征、意识状况，有无注射痕迹、有无相关的精神症状。

（4）性病、艾滋病和病毒性肝炎等传染病的检测结果等。

## 44. 苯丙胺类药物滥用者如何进行治疗？

多为对症处理，需同时给予心理行为治疗。对于偶尔滥用苯丙胺类药物、尿检阳性，但无明显精神症状及功能损害的吸毒人员，无须特殊治疗措施，可视情况给予心理咨询或心理行为治疗。

## 45. 苯丙胺类药物滥用者的戒断症状是怎样的？

目前尚无可推荐的替代药物。一般来说，如能保证充足的睡眠和营养，大部分症状可在几日后逐渐消失，不需要特殊处理。部分吸毒人员在停药后出现较为严重的抑郁，可持续数周或更长时间，需密切注意，防范自杀。

（1）抑郁、乏力、渴求等症状严重者可使用抗抑郁药物，如5-羟色胺再摄取抑制剂（如氟西汀20~40毫克/日口服、帕罗西汀20~40毫克/日口服、舍曲林50~150毫克/日口服）；也可使用去甲肾上腺素和5-羟色胺再摄取抑制剂，如文拉法辛75~150毫克/日口服；还可使用去甲肾上腺素和特异性5-羟色胺再摄取抑制剂，如米氮平15~30毫克/日口服。若使用三环类抗抑郁药，如米帕明（丙咪嗪），则从小剂量25毫克/日口服用起，逐渐增加到100~150毫克/日口服。

（2）若吸毒人员出现幻觉、妄想症状，建议使用非典型抗精神病药物，如利培酮 2～4 毫克 / 日口服或奥氮平 5～20 毫克 / 日口服，也可用氟哌啶醇 2～10 毫克 / 日口服，待幻觉、妄想症状消失后逐渐停止使用。

（3）谵妄者应进行系统检查以排除其他原因，如中枢神经系统感染、颅内出血、滥用其他成瘾药物或酒精等。

## 46. 苯丙胺类药物滥用者急性中毒时，该采取什么措施？

急性中毒时需采取如下措施：

（1）将吸毒人员置于安静的环境，减少刺激。

（2）严密监测生命体征，维持呼吸、循环稳定，维持水电解质平衡，必要时给氧。

（3）鼓励多饮水，如口服滥用药物时间不超过 4 小时可行洗胃、催吐。

（4）酸化尿液以加快苯丙胺类药物的排泄，予氯化胺 0.5 克口服，每 3～4 小时重复 1 次，使尿液 pH 值控制在 6.6 以下。如果吸毒人员有高热、出汗、代谢性酸中毒，则不宜酸化尿液。

（5）可采用物理降温方法降低体温。

（6）若吸毒人员出现惊厥，则缓慢静脉注射苯二氮卓类药物，如地西泮 10～20 毫克 / 次，必要时 15 分钟重复 1 次。静脉注射地西泮能导致喉痉挛或呼吸抑制，应做好气管插管准备。

（7）如出现严重高血压应警惕颅内出血，给予紧急处理，可使用酚妥拉明 2～5 毫克静脉缓慢注射。

（8）兴奋激越、行为紊乱，可使用多巴胺受体阻滞剂如氟哌啶醇 2.5 ~ 10 毫克肌肉注射，亦可用苯二氮卓类如地西泮 10 ~ 20 毫克静脉缓慢注射。如出现锥体外系反应可使用抗胆碱类药物，如氢溴酸东莨菪碱（海俄辛）0.3 ~ 0.5 毫克肌肉注射。必要时可采取保护性约束。

（9）谵妄：可用氟哌啶醇控制兴奋、激越、幻觉、妄想等症状，剂量不宜太大，以免加重意识障碍。

（10）中毒程度极重者可采用腹膜透析或血液透析。

## 47. 苯丙胺类药物滥用者如果出现精神病性症状，该怎么办?

应首先将吸毒人员置于安静的环境中，减少刺激、给予充分安慰，减轻因幻觉、妄想所导致的紧张不安和冲动攻击行为。可使用抗精神病药物，如利培酮 2 ~ 4 毫克 / 日口服或奥氮平 5 ~ 20 毫克 / 日口服，也可使用氟哌啶醇 2 ~ 10 毫克 / 日口服。兴奋躁动明显者可用氟哌啶醇 5 ~ 10 毫克肌肉注射。注意苯丙胺类药物依赖可能导致多巴胺受体敏感性的改变，使用抗精神病药物易出现锥体外系反应。在幻觉、妄想症状消失后应逐渐停止使用抗精神病药物。若在急性中毒期出现精神病性症状，处理时还应参阅急性中毒治疗的相关内容。

## 48. 苯丙胺类药物滥用者如果出现抑郁、焦虑等症状，该怎么办?

如情感症状持续时间不长或症状轻微可不必用药，否则应予相应的对症治疗。

（1）抑郁：可使用选择性 5– 羟色胺再摄取抑制剂等新型抗抑郁药物或三环类抗抑郁药物。

（2）焦虑：建议使用苯二氮卓类药物，如阿普唑仑 0.4 毫克口服，2 ~ 3 次 / 日，应注意防止此类药物的滥用。如焦虑症状持续存在，可给予丁螺环酮、坦度螺酮等非苯二氮卓类药物。

## 49. 如何对苯丙胺类药物滥用者进行心理行为治疗和预防复吸?

心理行为治疗主要针对患者的心理依赖及其他心理行为问题，主要目的是预防复发和复吸。药物治疗同时配合心理行为治疗可提高治疗效果，心理行为治疗应作为药物依赖治疗的重要环节。

（1）动机强化治疗：帮助吸毒人员认识自己的问题，制订治疗计划并帮助吸毒人员坚持治疗，有助于增加戒毒治疗的成功率。

（2）认知治疗：改变吸毒人员的不良认知方式，帮助吸毒人员应对急、慢性药物渴求，强化吸毒人员的不吸毒行为，预防复吸。

（3）行为治疗：通过各种行为治疗技术强化不吸毒行为及其他健康行为，降低复吸的可能性。

（4）集体治疗：通过交流发现吸毒人员间的共同问题，增进吸毒人员间的交流和理解，制订出切实可行的治疗方案。也可使吸毒人员在治疗期间相互监督、相互支持，增进其与医师间的接触，有助于预防复吸、促进康复。

（5）家庭治疗：通过改善吸毒人员与其家庭成员间的关系，促进家庭成员间的感情交流，提高治疗支持程度。

预防复吸的主要措施是帮助吸毒人员找出复吸的危险因素，如渴求、戒断症状、某些条件刺激、不良的社会环境及人际关系等，使他们掌握应对不良环境及心理应激的方法。结合药物、心理社会治疗，达到预防复吸的目的。

特别注意：苯丙胺类药物依赖的吸毒人员与阿片类药物依赖的吸毒人员在行为方面存在诸多差异，不宜将两类吸毒人员置于同一病房内治疗，以免相互影响。

## 50. 什么是戒毒过程中的“多药滥用”行为？

“多药滥用”是指出于非医疗需要和目的，同时或先后在较短时间内滥用 2 种或 2 种以上药物的行为。其目的是：（1）加强原来滥用药物的作用，以保持或减少原用药物使用剂量；（2）克服原用药物引起的不良反应；（3）充当原用药物替代物；（4）作为自行戒毒的戒毒药物。多药滥用有 3 种形式：第一种形式是在某种药物中混有其他药物；第二种形式是同时滥用 2 种或 2 种以上药物；第三种形式是在滥用某种药物后交替使用其他不同的药物。阿片类药物依赖多伴有多药滥用现象，其危害严重，应在治疗过程中多加注意。

## 案例警示录

### 莫种植毒品原植物，种植必被抓！

陈某自 2017 年开始非法种植罂粟并自制割浆工具。2018 年 4 月 14 日，公安局民警在工作中发现陈某在自家宅基地院内及附近责任田非法种植罂粟，经勘查共 1099 株，罂粟果实发现有割痕。此外，还在陈某家中查获割浆用的工具及存放在白色碗中和抽屉内的疑似鸦片膏状物两块，分别重 0.9 克和 9.3 克，均检出罂粟碱成分。经某市安定医院司法鉴定所鉴定，陈某案发时为限制刑事责任能力人。

#### 律师点评

陈某的行为构成非法种植毒品原植物罪。

陈某的犯罪行为，侵犯了国家对毒品原植物种植的管制。国家历来对非法种植罂粟、大麻等毒品原植物严厉禁止，并先后发布了一系列的法规、法令和通知。对于陈某的行为，必须予以严惩！

延伸阅读

## 戒毒的六个关键点

**1. 戒毒不要迷信特效药**

海洛因的复吸率很高，患者或者家属都希望寻求一种能够根治毒瘾的特效药，一些江湖游医因此大发横财，而患者却得不到及时的戒毒救助，走上复吸之路。戒毒没有特效药，除了定期服药，还要依靠坚强的意志与家人的帮助，循序渐进，才能戒除毒瘾。

**2. 戒毒不要相信谣言**

有的吸毒人员，虽然毒瘾难拔，但还是愿意戒毒的。但此时他的周围可能会有这样那样的谣言。例如，有的地方宣称有一种“一针除毒瘾”的针头，扎上一针，就能立刻祛除毒瘾；有的地方宣称戒毒可以通过换血来完成；有的地方宣称可以通过某种理疗方法进行彻底戒毒。其实这些都是没有任何科学依据的，盲目相信，肯定会在戒毒的路上吃大亏。

**3. 戒毒不要放纵自己**

有的吸毒人员已经戒毒一阵子，毒瘾戒掉了部分，但内心总有对毒品的渴望，这时候，他认为再吸上一口，应该没什么事。其实，这时是最危险的时候，在戒毒的过程中，只要复吸一口，那么前面所有的戒毒努力必将付诸东流。

**4. 戒毒不要逃避**

有的吸毒人员，认为自己已经被社会抛弃，开始逃避所有的人和事。其实这是非常错误的一种观点。因为戒毒除了靠药物治疗之外，还要依靠周围亲朋好友的帮助和鼓励。

**5. 戒毒不要"病急乱投医"**

戒毒一定要去正规的医疗机构，正规的医疗机构不仅能够给戒毒人员提供国内先进的医疗技术，还会对戒断过程中出现的并发症给予及时的诊治。

**6. 戒毒不要丧失信心**

吸毒人员进行戒毒，一般情况下需要经过 7~8 次的治疗，才能见到效果。所以戒毒人员一定要坚定信心，与戒毒医疗机构的共同努力，争取早日戒除毒瘾。

# 第9课　毒品犯罪

## 秒懂图解

毒品犯罪带来的危害

### 1. 吸毒诱发其他类型犯罪

吸毒和犯罪是一对“双胞胎”。吸毒行为必然引起犯罪行为，这是毒品犯罪所导致的必然结果。

20 世纪 80 年代初期以来，吸毒、贩卖毒品行为在我国开始蔓延。目前在各类刑事案件中，由吸毒诱发或与毒品相关的犯罪行为已占相当比例，并呈现逐年递增的严重趋势，尤其是在云南和广东等毒品危害严重的区域，毒品诱发的犯罪已占各类犯罪的40%以上。

### 2. 吸毒危害社会风气，污染社会环境

吸毒往往导致瘾君子心理扭曲，人格变态，自尊殆尽，严重污染社会环境，破坏社会主义精神文明建设。这引起了社会各界的广泛关注。

### 3. 吸毒导致艾滋病、丙肝、梅毒等疾病的恶性传播

毒品被称为“现代瘟疫”，而艾滋病则被称为“超级癌症”，它们要是结合在一起，必将给人类带来可怕的灾难。除了艾滋病之外，丙肝以及梅毒甚至已经成为吸毒者的“标配”疾病，他们不讲卫生，随意共用吸毒工具，导致上述疾病的恶性传播。

## 禁毒课堂

### 1. 什么是走私毒品罪？该如何处罚？

走私毒品罪指的是违反国家毒品管制法律法规，逃避海关监管，非法携带、运输、邮寄毒品进出国家边境的犯罪行为。根据犯罪情节不同，处罚不同，具体如下：

（1）走私鸦片1000克以上、海洛因或者甲基苯丙胺50克以上或者其他毒品数量大的；走私毒品集团的首要分子；武装掩护走私毒品的；以暴力抗拒检查、拘留、逮捕，情节严重的；参与有组织的国际贩毒活动的，处15年有期徒刑、无期徒刑或者

死刑，并处没收财产。

（2）走私鸦片 200 克以上不满 1000 克、海洛因或者甲基苯丙胺 10 克以上不满 50 克或者其他毒品数量较大的，处 7 年以上有期徒刑，并处罚金。

（3）走私鸦片不满 200 克、海洛因或者甲基苯丙胺不满 10 克或者其他少量毒品的，处 3 年以下有期徒刑、拘役或者管制，并处罚金；情节严重的，处 3 年以上 7 年以下有期徒刑，并处罚金。

## 2. 什么是贩卖、运输、制造毒品罪？该如何处罚？

贩卖、运输、制造毒品罪指的是违反国家毒品管制法律法规，逃避政府监管，非法贩卖、运输、制造鸦片、海洛因、冰毒、吗啡、大麻或者其他毒品的犯罪行为。根据犯罪情节不同，处罚不同，具体如下：

（1）非法贩卖、运输、制造鸦片 1000 克以上、海洛因或者甲基苯丙胺 50 克以上或者其他毒品数量大的；走私毒品集团的首要分子；武装掩护贩卖、运输、制造毒品的；以暴力抗拒检查、拘留、逮捕，情节严重的；参与有组织的国际贩毒活动的，处 15 年有期徒刑或者无期徒刑、死刑，并处没收财产。

（2）非法贩卖、运输、制造鸦片 200 克以上不满 1000 克、海洛因或者甲基苯丙胺 10 克以上不满 50 克或者其他毒品数量较大的，处 7 年以上有期徒刑，并处罚金。

（3）非法贩卖、运输、制造鸦片不满 200 克、海洛因或者甲基苯丙胺不满 10 克或者其他少量毒品的，处 3 年以下有期徒刑、拘役或者管制，并处罚金；情节严重的，处 3 年以上 7 年以下有期徒刑，并处罚金。

## 3. 什么是非法持有毒品罪？该如何处罚？

非法持有毒品罪是指违反国家禁毒法律法规，非法持有一定数量毒品的犯罪行为。

非法持有鸦片 1000 克以上、海洛因或者甲基苯丙胺 50 克以上或者其他毒品数量大的，处 7 年以上有期徒刑或者无期徒刑，并处罚金；非法持有鸦片 200 克以上不满 1000 克、海洛因或者甲基苯丙胺 10 克以上不满 50 克或者其他毒品数量较大的，处 3 年以下有期徒刑、拘役或者管制，并处罚金；情节严重的，处 3 年以上 7 年以下有期徒刑，并处罚金。

## 4. 什么是包庇毒品犯罪分子罪和窝藏、转移、隐瞒毒品、毒赃罪？该如何处罚？

包庇毒品犯罪分子罪是指明知是走私、贩卖、运输、制造毒品的犯罪分子，而向司法机关作假证明掩盖其罪行，或者帮助其毁灭罪证，以使其逃避法律的制裁的行为。

包庇走私、贩卖、运输、制造毒品的犯罪分子的，为犯罪分子窝藏、转移、隐瞒毒品或者犯罪所得的财物的，处 3 年以下有期徒刑、拘役或者管制；情节严重的，处 3 年以上 10 年以下有期徒刑。缉毒人员或者其他国家机关工作人员掩护、包庇走私、贩卖、运输、制造毒品的犯罪分子的，依照上述规定从重处罚。犯前两种罪，事先通谋的，以走私、贩卖、运输、制造毒品罪的共犯论处。

## 5. 什么是走私制毒物品罪？该如何处罚？

走私制毒物品罪，指的是违反国家禁毒法律法规，非法携带醋酸酐、乙醚、三氯甲烷或者其他用于制造毒品的原料或者配剂进出境的犯罪行为。

非法携带醋酸酐、乙醚、三氯甲烷或者其他用于制造毒品的原料、配剂进出境，情节较重的，处 3 年以下有期徒刑、拘役或者管制，并处罚金；情节严重的，处 3 年以上 7 年以下有期徒刑，并处罚金；情节特别严重的，处 7 年以上有期徒刑，并处罚金或者没收财产。单位犯该罪的，对单位判处罚金，并对其直接负责的主管人员和其他直接责任人员，依照上述规定处罚。

## 6. 什么是非法种植毒品原植物罪？该如何处罚？

非法种植毒品原植物罪，指明知是罂粟、大麻等毒品原植物而非法种植且数量较大，或者经公安机关处理后又种植，或者抗拒铲除的犯罪行为。

非法种植罂粟、大麻等毒品原植物的，一律强制铲除。有下列情形之一的，处 5 年以下有期徒刑、拘役或者管制，并处罚金:（1）种植罂粟500株以上不满3000株或者其他毒品原植物数量较大的；（2）经公安机关处理后又种植的；（3）抗拒铲除的。

非法种植罂粟3000株以上或者其他毒品原植物数量大的，处5年以上有期徒刑，并处罚金或者没收财产。

非法种植罂粟或者其他毒品原植物，在收获前自动铲除的，可以免除处罚。

## 7. 什么是非法买卖、运输、携带、持有毒品原植物种子、幼苗罪？该如何处罚？

非法买卖、运输、携带、持有毒品原植物种子、幼苗罪，指的是违反国家规定，非法买卖、运输、携带、持有未经灭活的毒品原植物种子或者幼苗，数量较大的行为。

非法买卖、运输、携带、持有未经灭活的罂粟等毒品原植物种子或者幼苗，数量较大的，处3年以下有期徒刑、拘役或者管制，并处或者单处罚金。

## 8. 什么是引诱、教唆、欺骗他人吸毒罪？该如何处罚？

引诱、教唆、欺骗他人吸毒罪，指的是以引诱、教唆、欺骗的方法，促使他人吸食、注射毒品的犯罪行为。

引诱、教唆、欺骗他人吸食、注射毒品的，处3年以下有期徒刑、拘役或者管制，并处罚金；情节严重的，处3年以上7年以下有期徒刑，并处罚金。引诱、教唆、欺骗未成年人吸食、注射毒品的，从重处罚。

## 9. 什么是强迫他人吸毒罪？该如何处罚？

强迫他人吸毒罪，指的是违背他人意志，使用暴力、胁迫或者其他强制手段迫使他人吸食、注射毒品的犯罪行为。

强迫他人吸食、注射毒品的，处 3 年以上 10 年以下有期徒刑，并处罚金。强迫未成年人吸食、注射毒品的，从重处罚。

## 10. 什么是容留他人吸毒罪？该如何处罚？

容留他人吸毒罪，指的是为他人吸食、注射毒品提供场所的犯罪行为。

容留他人吸食、注射毒品的，处 3 年以下有期徒刑、拘役或者管制，并处罚金。

## 11. 什么是非法提供麻醉药品、精神药品罪？该如何处罚？

非法提供麻醉药品、精神药品罪，指的是依法从事生产、运输、管理、使用国家管制的麻醉药品、精神药品的单位和个人，明知他人是吸毒者，而向其提供国家管制的能够使人成瘾的麻醉药品、精神药品的犯罪行为。

依法从事生产、运输、管理、使用国家管制的麻醉药品、精神药品的人员，违反国家规定，向吸食、注射毒品的人提供国家规定管制的能够使人形成瘾癖的麻醉药品、精神药品的，处3年以下有期徒刑或者拘役，并处罚金；情节严重的，处3年以上7年以下有期徒刑，并处罚金。向走私、贩卖毒品的犯罪分子或者以牟利为目的，向吸食、注射毒品的人提供国家规定管制的能够使人形成瘾癖的麻醉药品、精神药品的，依照《刑法》第347条的规定定罪处罚。

单位犯上述罪的，对单位判处罚金，并对其直接负责的主管人员和其他直接责任人员，依照上述规定处罚。

## 案例警示录

### 莫欺骗他人吸毒，欺骗必判刑！

毕某是某市农民，曾在饭店打工，2018年1月开始自己经营某饭店。开业后不久，毕某以每斤35元的价格购进了5斤罂粟壳带回饭店，并于同年2月起，开始在“烧鸡公”这道菜里加入罂粟壳粉末作为“调味品”，以期吸引顾客，但用量较少。同年3月，毕某的饭店又推出了“水煮鱼”，在这道菜中毕某加大了罂粟壳粉的剂量。后毕某的行为被人举报，东窗事发。在被警方审讯过程中，毕某对其违法犯罪行为供认不讳！

## 律师点评

毕某的行为已经构成欺骗他人吸毒罪。

罂粟壳俗称大烟壳，含有吗啡等物质，食用后，易使人体产生依赖性而造成瘾癖，对人体肝脏、心脏有毒害作用，危害极大。毕某的犯罪行为侵犯了他人的身体健康，社会危害性极大，必须予以严惩。

## 延伸阅读

### “毒驾”

“毒驾”指的是还未戒断毒瘾的患者或正在使用毒品的驾驶员驾驶机动车的行为，存在安全驾驶的隐患。“毒驾”是机动车驾驶员上路前绝对禁止的行为。

**1. 针对“毒驾”，如何进行治安管理处罚**

瘾君子有“毒驾”行为，但未造成交通事故或者经济损失的，可以依据如下规定，进行治安管理处罚。

吸食、注射毒品的，处10日以上15日以下拘留，可以并处2000元以下罚款；情节较轻的，处5日以下拘留或者500元以下罚款。

**2. 针对“毒驾”，不得申领机动车驾驶证**

3年内有吸食、注射毒品行为或者解除强制隔离戒毒措施未满3年，或者长期服用依赖性精神药品成瘾尚未戒除的，不得申领机动车驾驶证。

**3. 针对“毒驾”发生交通事故的处罚**

违反交通运输管理法规，因而发生重大事故，致人重伤、死亡或者使公私财产遭受重大损失的，处3年以下有期徒刑或者拘役。

交通肇事致一人以上重伤，负事故全部或者主要责任，并且属于吸食毒品后驾驶机动车辆的，以交通肇事罪定罪处罚。

# 第10课　触目惊心的吸毒案例

## 秒懂图解

### 1. 因吸毒走上末路的舞蹈女孩

小娟打小就聪明伶俐，3 岁学钢琴，4 岁学跳舞，并多次在市级比赛中获奖。上学后，小娟先后担任过学习委员、班长、学生会主席，更是多次被评为“三好学生”。18 岁以后，她就读于某名牌舞蹈学院，可以说是前途无量。

可是人生就是这么无常。在大学，小娟被一伙“狐朋狗友”

带着学会了吸毒。一次聚会上，朋友告诉她："这蛮好玩的，很刺激，又时髦，吸后的感觉很好，我们都在玩，不信你可以试试看！"小娟刚开始还十分犹豫，但看到一块玩的朋友都乐此不疲，心里先是对毒品充满好奇，之后又羡慕他们的"时髦"，于是动心了。"吸吧，没事的，我们一起玩嘛。"这伙朋友都说吸完后再好好玩一下，想怎么玩就怎么玩，还说那种感觉简直太过瘾了。于是在朋友的劝说下，她开始了第一口的尝试。之后，又有第二口、第三口，小娟渐渐成瘾，不仅精神萎靡，身体更是日渐消瘦。不久，身陷毒沼的小娟被学校勒令退学，之后被家人送进了戒毒医疗机构，接受戒毒治疗。原本像花一样灿烂的女孩被"狐朋狗友"的劝毒给毁灭了，人生也从此发生了颠覆性的改变。

## 2. 吸毒共用针筒，导致感染艾滋病上百例

2014 年 12 月，美国印第安纳州斯科特县和杰克逊县出现大规模艾滋病感染病例，疑因该社区吸毒者共用针筒所导致，截至 2015 年 4 月 24 日已有 132 例确诊。当地的卫生署署长表示，在 2009 年至 2013 年间，当地只有三起新的艾滋病病例，但现在几乎每小时都会有新病例上报。并且被确诊的艾滋病患者介于 18 岁至 57 岁之间，男性较多，而女性患者中，则有 7% 为性工作者。

在这些被确诊已感染艾滋病的患者中，每 5 个人中，就有 4 个人承认他们吸毒都是通过共用针筒进行注射，所以他们几个

都是因为共用针筒而感染上艾滋病的。

此外，吸毒除了能够传染艾滋病，还能够传染乙肝、丙肝、梅毒等疾病。这些共用针筒的吸毒者，非常缺乏这方面的安全知识，对于他们来说，生活中最重要的就是吸毒，至于是否共用针筒，他们根本不在乎。正是这种对健康和卫生知识的缺乏，最终给他们自己和其他人带来了危险，甚至死亡。

## 3. 强迫他人吸毒的危害

孙某曾犯盗窃罪被判处有期徒刑 5 年，刑满释放后，又因犯强奸罪被判处有期徒刑 15 年。2010 年刑满释放后，孙某因债务纠纷驾车以胁迫的方式将李某带到他的暂住处，用电棍等工具对李某进行殴打和电击，之后又强迫李某吸食毒品。第二日，孙某又将李某转移到另一处暂住地，其间又对李某拳打脚踢，并且强迫李某吸毒。事后，李某的亲属报警，警方在孙某出租房内将孙某抓获，并将李某解救。但李某已经染上毒瘾。

孙某的行为已经构成强迫他人吸毒罪。孙某的犯罪行为侵犯的是社会治安管理秩序和他人的身体健康。强迫他人吸毒，往往会使人染上毒瘾，成为吸毒者，而吸毒成瘾严重损害他人身心健康，使吸毒者身体虚弱、抵抗力下降、智能减退、人格扭曲，而且吸毒还是艾滋病传播的途径之一。同时，吸毒会诱发盗窃罪、抢劫罪、赌博罪、卖淫等其他违法犯罪行为，因此，对强迫他人吸毒的犯罪分子予以惩处是非常必要的。

## 4. 容留他人吸毒的危害

某市公安民警接某区群众举报，在一高档小区住宅中，将正在吸毒的两名男子抓获，一名男子为“星二代”，另外一名男子为“人气男星”。据该“星二代”交代，他手里有 100 多克大麻，邀请该“人气男星”到家里来吸毒。该“星二代”已经有 8 年的吸毒历史，而该“人气男星”则有两年的吸毒史。巧合的是，“人气男星”第一次吸毒也是在“星二代”的家中，最讽刺的是，该“人气男星”还曾经是我国某省的禁毒大使。

该“星二代”已经构成容留他人吸毒罪。他的犯罪行为侵犯了社会的正常管理秩序和人们的身心健康。容留他人吸毒，是为他人吸食、注射毒品提供场所，既可以是行为人主动提供，也可以是在吸毒者要求或主动前来时被动提供。同时，既可以是有偿提供，也可以是无偿提供。提供的处所，既可以是自己的常住地，也可以是其亲友或由其指定的其他隐藏的场所，司法实践中，一般则是行为人专门为吸毒者准备的某种比较固定的场所，主要包括：住宅、居所或租赁他人的房屋和饭店、宾馆、咖啡馆、酒吧、舞厅等营业性场所。容留他人吸毒严重危害人身健康和社会管理秩序，应当予以严厉打击！

## 5. 医务人员为吸毒者提供毒品的下场

2018 年 2 月，吸毒人员王某持借用的他人的病历和《麻醉药品使用卡》在某县卫生院要求购买杜冷丁，医务人员高某在接收了王某递给他的 200 元人民币后，对王某所提供的病历和《麻醉药品使用卡》不加查验即将 18 支杜冷丁拿给王某。王某正欲取走杜冷丁时，被公安民警当场抓了个现行。

医务人员高某已经构成非法提供麻醉药品罪。他的犯罪行为侵犯了我国政府对麻醉药品、精神药品的管理制度，向吸毒者提供国家规定管制的能够使人成瘾的麻醉药品、精神药品，危害极大，因此需要予以严惩！

## 6. 因为无知，情侣走上吸毒道路的悲惨教训

2017 年 12 月 2 日上午，某市警方接到群众举报，在某城乡接合部出租房内，有人正在贩卖毒品。当日下午两点，警方确定嫌疑人仍在出租屋内尚未外出，便果断部署了抓捕方案。现场抓获嫌疑人高某和李某，缴获毒品海洛因 70 余克。经尿检，结果显示两名嫌疑人均呈阳性。

在审讯过程中，据高某交代，之所以贩毒，原因是相信吸毒能治感冒。2017 年夏天的时候，他曾因感冒一直未痊愈，非常烦恼，一次偶然的机会，听朋友说吸食海洛因能够治感冒，他二话没说就吸上了，之后就开始上瘾，可自己的收入远远不够吸毒的花销，所以只能走上以贩养吸的道路。不仅如此，他还把女友也拉入了吸毒的圈子里，原因竟然是他的女友相信吸毒能够减肥。

毒品对人体是有百害而无一利的，本案中的高某之所以走上以贩养吸的道路，就是因为当初的“无知”，轻信所谓吸毒能

够治病的谬论，最后误入歧途，身陷囹圄。

## 7. 为了灵感吸毒，最终身败名裂的知名编剧

2014 年 6 月某日的傍晚，警方在某市某区一间公寓内将正在吸毒的知名编剧宁某当场抓获，查获冰毒和吸毒工具等若干。宁某尿检结果显示呈冰毒阳性。据宁某交代，他是从 2013 年年底开始吸毒的，已经有近 7 个月的吸毒史。宁某认为吸毒可以获得更多的创作灵感。

冰毒通过吸食进入人体后，会在短期内引起多巴胺等神经递质的迅速分泌，让吸毒者突然感觉到精神亢奋、思维非常清晰和敏锐，但是随着吸毒次数的增加，神经递质的分泌会慢慢枯竭，再继续吸毒，将无法产生任何灵感，最后只能产生幻觉，导致精神异常的出现，最后演变为精神病患者，甚至因出现幻觉或者抑郁而出现自杀身亡的悲剧。

## 8. 揭秘“冰毒”能治绝症的假象

某市有个男子王某患上了癌症，四处投医问药，虽然经过治疗，但也未见明显的改观。王某偶然听别人说，“冰毒”可以治疗癌症，只要吸一口，什么痛苦都没了。病急乱投医的王某竟然信以为真，在朋友的介绍下，开始购买冰毒吸食，可谁知吸完冰毒后，癌症引起的疼痛非但没有减缓，还染上了毒瘾。最后的结局也是走上以贩养吸的犯罪道路。

那么为什么会有人相信吸食冰毒可以治疗疾病的呢？原来，冰毒被吸毒者吸食之后，会刺激多巴胺等神经递质分泌，由此产生持续的、高度的、病理性的兴奋状态，这种兴奋的体验，会暂时麻痹吸毒者对疾病的疼痛感，从而产生吸食冰毒能够治疗疾病的错觉。但实际上，吸毒并不能治病，还会导致人体机能的失调和组织病理变化，最后不仅原来的疾病没有治好，又添新病，得不偿失。所以，无论是何种毒品，只要有人跟你说吸毒能治病，都是一种谎言。

## 9. 莫让“寂寞空虚”成为吸毒的借口

某市警方接到群众举报，说本地某高档社区的一间公寓内，在深夜传出震耳欲聋的音响声，让人难以入睡。110接警后，便安排民警出警到该高档社区。民警敲开公寓的门后，发现里面几个“白富美”正在昏暗灯光下，伴随着劲爆的音乐疯狂地扭着身体。经验丰富的民警，一眼便看出这些人吸了毒。果然，在客厅的茶几上放着几包白色粉末，经过化验得知，这是毒品K粉，这些人的尿检也均呈阳性。据这些“白富美”交代，她们的生活无忧无虑，也不用出去上班，但就是因为这种无忧无虑的空虚生活，让她们备感寂寞，无人安慰，只有依靠吸毒才能缓解。

这些生活优越的“白富美”，拥有良好的经济条件，原本过着让人羡慕的生活，但为了缓解内心的空虚寂寞，竟走上了吸毒的道路。原因就在于她们的价值观发生了扭曲，不会通过正常的心理调节来调整自己的心态，最终走上了吸毒的不归路。

## 10. 人生的挫折，不是吸毒能够解决的

孙某是家里人的骄傲，曾以某市第一名的成绩考入某重点大学。这原本是他改变命运的机会，却因为一次考试作弊被当场抓到，让孙某从此名誉扫地，处分、检讨，他认为自己的人生从此将暗无天日。从小一直顺风顺水的他，根本无法承受这突如其来的压力，他无法面对和接受这一切。在一次偶然的机会下，他听说吸毒可以解决任何烦恼，化解所有的挫折。但这一吸，让他从此无法自拔，这一吸让他沉沦毒海。

人生总是要面临各种各样的问题，出现问题，我们应该迎头而上，拿出“亮剑”精神，采取有效的办法去解决问题。反之，消极对待，看见困难就跑，那也只能逃避一时，不能逃避一辈子。孙某吸毒逃避挫折的案情实在令人惋惜，一个风华正茂的大好青年，就这么被毒品坑害了！

## 11. 揭秘海洛因吸食者的惨状和体貌特征

社区居民李某某口述过这样一个海洛因吸食者的惨剧：“我就见过这么一个瘾君子，家破人亡可以形容他吸毒之后的惨状。那个瘾君子和我扯个五六代的关系的话还能算个远房亲戚，他有一个儿子，孩子的学习成绩很好，在班里面每次考试都是前几名。家里因为做生意，有点钱，但自从有钱了，他就开始学

别人吸毒。为了吸白面儿（海洛因）他卖了房子，到最后儿子没人管了，因为打伤人进了少管所，老婆也跟别人跑了，他自己吸海洛因过量，死在了桥头上，死的时候，连个过来收尸的人都没有，政府给他收的尸。”

吸食海洛因的瘾君子，都会有如下体貌特征：（1）海洛因吸食者瞳孔呈针尖状。瞳孔缩小甚至呈针尖状是海洛因吸食者中毒的明显标志，长期吸食海洛因患者的瞳孔对光反射常迟钝，目光呆滞。（2）海洛因吸食者的皮肤有注射瘢痕。通过静脉注射的吸毒者一般会在手、手臂、小腿、脚部等位置留下颜色较暗的注射痕迹；而通过肌肉注射的瘾君子则会在注射的皮肤上永远留下吸毒的标志——瘢痕。

## 12. 揭秘冰毒吸食者的惨状和体貌特征

戒毒所的小李口述过这样一个冰毒吸食者的惨案：“因为工作的原因，我接触过很多吸毒人员，让我印象深刻的非常多，这里就说其中一个。第一年实习时，某市 110 报警中心接到一起家庭纠纷报警，因为知道这家有吸毒者，刚好我又在这个片区参加禁毒宣传，就跟着民警出警到现场。一进现场，那场面简直是惨不忍睹，一对老夫妻躺在血泊中，一名男子手拿改锥站在旁边。后来通过调查得知，这名男子是老夫妻的儿子，他在吸食冰毒后出现幻觉，用改锥刺中母亲太阳穴，导致母亲当场死亡，父亲也被诊断为重伤！”

吸食冰毒的瘾君子，都会有如下体貌特征：（1）冰毒吸食者会患上“冰疮”。冰毒的长期吸食者，体内会产生毒素堆积，反映到皮肤上就是出现冰疮，严重的还会导致皮肤溃烂红肿发炎并长有白刺。（2）冰毒吸食者会出现“冰毒嘴”。冰毒的长期吸食者，口腔唾液的分泌会减少，他们的口腔内的酸性物质因为无法被中和，会严重损伤口腔。这个时候，牙龈血管出现收缩，牙龈变得越来越低，最后有很多吸毒者只剩下几颗门牙。

## 13. 揭秘 K 粉吸食者的惨状和体貌特征

王某和李某都是下岗职工，虽然下岗了，但还是含辛茹苦养大了两个儿子。夫妻俩本以为孩子长大了，可以分担家庭的经济压力了。可没想到的是，这两个儿子不争气，竟然染上了毒瘾，长期吸食 K 粉。为了吸毒，哥俩真是无所不用其极，家里但凡值点钱的东西，都被这两人给拿出去换钱了。有一次哥俩回家跟母亲李某要钱，要不到钱，就抓着母亲头发拳打脚踢，后来父亲王某把犯了毒瘾的两兄弟锁了起来。毒瘾上来的时候，两兄弟磕着头哭着哀求父亲给他们买毒品。事情一直持续了好多天，父亲王某彻底死心了。他买了毒药，伪装成毒品给两个儿子注射，然后自己也喝毒药自杀了。李某后来回家看到老公和孩子的三具尸体，也彻底疯了。

吸食 K 粉的瘾君子，都会有如下体貌特征：（1）长期流清鼻涕。由于吸食 K 粉的主要途径是通过鼻腔进行吸食，长期吸食刺激鼻腔，会使内部的血管脆性增加、组织病变，以长期流鼻涕最常见，每天都一吸一吸的，有的瘾君子鼻子边还会残留

K 粉粉末。（2）身体长茄疮。吸食 K 粉的瘾君子，在背部和后颈会长出很痒的毒疮，俗称“茄疮”。（3）泌尿功能紊乱，极度尿频，尿不湿不离身。由于 K 粉是一种结晶、有棱角的固体物质，大概有 5% 的原型会经尿道排出，这样就势必会损伤输尿管内壁，导致膀胱容量逐渐变小，吸食者一小时可能要去好几次厕所，有的时候，尿意很强也尿不出，但有的时候，一个普通喷嚏可能就会尿裤子，所以这些瘾君子，还会经常带着成人尿不湿。

## 14. 揭秘可卡因吸食者的惨状和体貌特征

高某有个表哥，在网吧红火的时候开店赚了一笔钱，还开过音像店、花店，人也长得特别精神。后来高某听说他竟然吸毒了，当时真是不敢相信，为了吸毒，表哥甚至卖了网吧、音像店、花店，天天躲在家里吸食可卡因。他们家为了让他戒毒，曾经送他去了戒毒所一段时间以便强制戒毒。表哥毒瘾戒掉后，他的父亲掏钱给他买了一辆车，让他开出租车赚点钱，并且还搬了家，目的就是彻底让表哥远离吸毒的圈子。可能是由于开出租车的原因，表哥又结识了很多“不三不四”的人。过了不到一年，高某听说表哥复吸了，并且还失联了好几天，等再找到表哥的时候，发现其因为吸毒过量而亡。表哥的父亲当时整个人都瘫了，那段时间他家里的人都痛不欲生。

吸食可卡因的瘾君子，都有如下体貌特征：（1）可卡因吸食者感觉自己身上有“可卡因虫”。可卡因的瘾君子，在犯毒瘾的时候，总感觉皮肤上有虫蚁爬过，如针刺般疼痛，在钻心的疼痛中，有的瘾君子甚至不惜用刀切开皮肤取“虫”，因而身上总是疤痕累累。（2）可卡因吸食者的鼻子是塌陷的。吸食可卡因的瘾君子，一般常用鼻吸食，再通过鼻黏膜吸收毒品散发出的毒素。这样会使鼻黏膜组织坏死或溃疡。此外，可卡因会对鼻黏膜产生强烈的刺激性，瘾君子会经常不停地挖鼻子，导致鼻中隔穿孔或者塌陷。

**图书在版编目 (CIP) 数据**

社区居民防毒禁毒教育读本 / 刘凝主编 .—北京：中国法制出版社，2020.4（2022.6 重印）

ISBN 978-7-5093-7689-8

Ⅰ.①社…　Ⅱ.①刘…　Ⅲ.①禁毒—工作—中国—通俗读物　Ⅳ.① D669.8-49

中国版本图书馆 CIP 数据核字（2018）第 278838 号

责任编辑：李宏伟　　　　封面设计：杨泽江

**社区居民防毒禁毒教育读本**

SHEQU JUMIN FANGDU JINDU JIAOYU DUBEN

主编 / 刘　凝

经销 / 新华书店

印刷 / 三河市国英印务有限公司

开本 / 880 毫米 ×1230 毫米　32 开　　　印张 / 4.75　字数 / 98 千

版次 / 2020 年 4 月第 1 版　　　2022 年 6 月第 3 次印刷

中国法制出版社出版

书号 ISBN 978-7-5093-7689-8　　　定价：25.00 元

北京西单横二条 2 号　邮政编码 100031　　　传真：010-66031119

**网址：http://www.zgfzs.com**　　　**编辑部电话：010-66054900**

**市场营销部电话：010-66033393**　　　**邮购部电话：010-66033288**

（如有印装质量问题，请与本社印务部联系调换。电话：010-66032926）